こまった、教えて

農産加工便利帳

漬物

小清水正美

農文協

漬物　温故知新

漬物アラカルト
一番奥左から、大山菜のニンジン巻き漬け、ラッキョウの醤油漬け、のらぼう菜のきざみ漬け
中左から、キュウリぬか漬け、梅干し、キュウリピクルス
手前左から、カブぬか漬け、桜の花漬け

盂蘭盆（旧暦７月15日）に行なわれる施餓鬼膳
中央にたくあんがある。左奥にご飯、右奥は煮豆、手前左に汁、右は煮しめを配す。一汁三菜の御馳走膳

横須賀名物「海軍カレー」
添え物にはラッキョウ漬け（右奥）と福神漬け（その手前）。ラッキョウ漬けと福神漬けが添えられてこそカレーライスはおいしくいただける

島根県飯南町（いいなんちょう）のホテルの食事
メインデッシュのほおば焼きの手前に地元特産の漬物「とんばら漬け」（ダイコン、キュウリ、ウリなどの醤油漬け）を必ず添える

ピクルスカナッペ
バゲットにフォアグラパテを塗り、ピクルスをのせる。脂肪分の多いパテにはちょっと酸味の強いピクルスが合う

ここがポイント－漬物つくり

●カリカリ梅漬け

カリカリ梅の秘訣はアルカリ液にある。貝殻や卵殻を使うとよいが、あらかじめ梅酢で溶かしてアルカリ液にしておくこと。

カリカリ梅漬け

シジミの貝殻（右）と白梅酢

●重石

ビニール袋に小石詰めの重石は使い勝手がよい。

プラスチック袋に入れた小砂利の重石

重石としておすすめは、きれいに洗った小砂利をプラスチック袋に詰めたもの。使い勝手もよい。

重石

重石は漬けた中身と同じ重さといわれるが、これは大樽の場合。20kg 以下の漬け込み量が少ないときには重石を原材料より重くする。目安は原料の重さの 1.5 ～ 2 倍。

●押しぶた

押しぶたは、必ず漬物容器に合った大きさのものを使うこと。

押しぶた

●差し水

塩は容器の下段に少なめ、上段には多めに振る。また、差し水は材料の上にのせた塩を流して底のほうに沈めないように、容器の縁から静かに注ぐ。

差し水の差し方

●辛味出しの作業

仕上がった漬物をよくもんで辛味を出す大山菜漬け。カラシナ系の原料は漬け上がった菜をよくもむことでツンとくる辛味をつける。

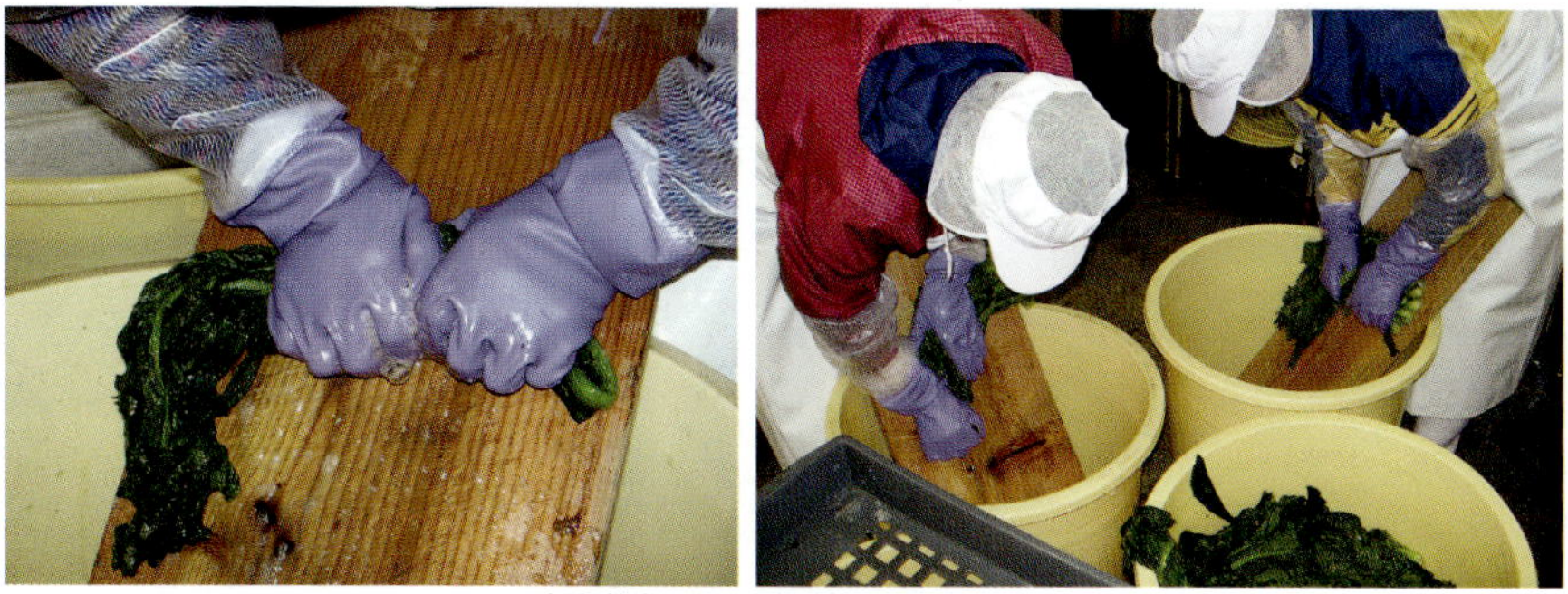

大山菜をもんで辛味をつける

伝統のダイコンふすま漬け（たくあん）

ふすま漬け

小麦を製粉するときにでる「ふすま」でつくる「ふすま漬け」は三浦半島の特産。農家では干したダイコンを1樽に60kg漬け込む。ウコンを使って黄色く仕上げる。

●ダイコンの漬け方いろいろ

直漬け

車漬け

十文字漬け

直漬け＋十文字漬け

さんま漬け

はじめに

漬物を食べなくなったといわれることも多い。確かに生活者が自宅で漬物をつくる機会は少なくなっているが、家庭での毎日の食卓や家の外でとる食事には漬物は「しぶとく」残っている。街中で気軽に食べる定食には小皿にのった漬物、牛丼やカツ丼には食べ放題のような形で細切りたくあん、福神漬け、ラッキョウ漬けなどが用意されている。ハンバーガーには隠し味のような形でスライスされたピクルスが使われ、コテッとした肉の風味を引き締める役割を果たしている。漬物はかつての日本の食生活における位置とは変わっているが、毎日の食事や食生活の大事なアクセントになっていることは変わりない。

都会の百貨店、量販店などの食品売り場には漬物コーナーがあり、浅漬け類を中心とした漬物が陳列され、以前なら家庭内でつくられていたような漬物がどんどん売れている。また、道の駅や農産物直売所の加工品の販売でも漬物は重要な位置を占めている。漬物は単なる加工品ではなく、時には地域を代表する特産加工品に位置づけられているものも少なくない。大量生産、大量販売の時代になり、原料の生産と加工が別の地域でなされ、昔からの風味が失せたとしても、その土地の代表的な土産物として購入されていく。

かつての漬物には、薄い塩味で風味を賞味する浅漬けと、塩を使って微生物の増殖をコントロールし保存性を優先させる塩分の濃い漬物があった。薄い塩味では保存性が低いため、冷蔵という手段を併用するとともに、旨味成分の添加によりさらに塩分の少ない漬物が指向されてきた。また、微生物をコントロールするために塩分を多くした漬物でも、冷蔵や冷凍を併用するとともに包装と殺菌を組み合わせることで、塩分を減少させ旨味成分を添加した漬物となり、かつての漬物とは異なるものとなってきた。いまや漬物はサラダや惣菜となった感がある。

しかし、漬物をつくり、品質異常などが起こったときなどにも、先人が試行錯誤を繰り返して得た経験をもとに、問題を整理すると解決されやすい。問題の糸口もつかめず迷走のまま終わることもあるが、一歩くらいは解決の方向にあゆみ出すことが可能であろう。本書が漬物の問題解決の一助になれば幸いです。

二〇一三年七月

小清水 正美

漬物 目次

各パートの**Q**＆**A**の見出しは内容を要約し主なもののみを示しています。

漬物

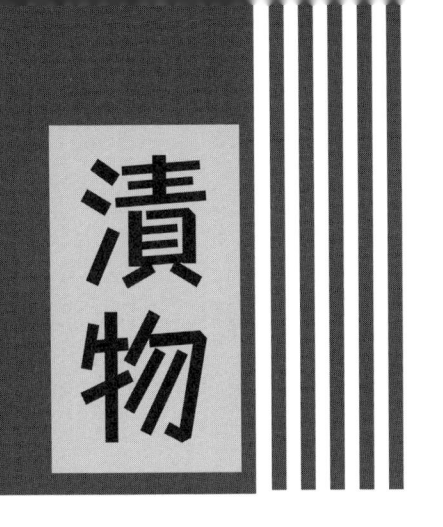

漬物の分類と本書で取り上げた漬物

・漬物は塩だけでもできる
・塩以外の調味料をうまく使う
・微生物の力を利用する
・漬け込み期間と食べごろで調味する

漬物の分類はむずかしいといわれるが、基本はＪＡＳ規格でいいつくされるといってよい（次ページの表）。本書で取り上げる漬物について、農産加工製造販売を念頭におおまかに分類して整理してみたい。

農産物漬物は塩だけで漬け込んだものと、塩以外のものを漬け込み材料に使用したものに分けることができる。塩以外のものを使用したときには醤油、粕、味噌、酢など漬け床に使用する材料の名前をつけて呼ぶことが多い。

また漬け込み期間により、漬け込んでから数時間ないし数日で食卓に供される即席漬け・浅漬けと、長期間漬け込んでから食べる長期漬け・保存漬けに大別される。雑菌の繁殖を防ぐため、漬け込み期間が長いものほど塩分濃度は高くなるのが一般的である。

微生物の関与のしかたからも、漬物を分けることができる。即席漬け、浅漬けでは乳酸発酵させないうちに食べるものと、乳酸発酵させるものがある。また長期漬け、保存漬けでは、初めから高濃度の食塩で漬け込んで微生物の関与を防ぐものと、一度乳酸発酵させてから食塩を増量するものがある。

塩漬け

本書では、塩漬けの浅漬けとして、のらぼう菜の浅漬け、カラシナの一種の大山菜（おおやまな）のきざみ漬けを、また長期漬け（保存漬け）として大山菜漬け、シソの実漬け、桜の花漬け、カリカリ梅漬けを取り上げた。このうち桜の花漬けとカリカリ梅漬けは梅酢を利用した塩漬けである。

また塩漬けは、野菜を長期保存するための手段としても活用される（長期保存漬け）。夏に塩漬けしておいた野菜を冬に取り出し、塩抜き後に調味漬けや煮物の材料とする利用法である。本書では、醤油漬けの中の福神漬けの項でこの長期保存漬けにふれている。

醤油漬け

本書では、醤油漬けともろみ漬けは一緒にして醤油漬け

漬物の種類

漬物の種類	漬け込み方法	主な漬物
塩漬け	塩を主とした材料で漬け込んだもの	白菜漬け、野沢菜漬けなど
醤油漬け	醤油を主とした材料で漬け込んだもの	福神漬け、山菜漬けなど
味噌漬け	味噌を主とした材料で漬け込んだもの	山菜味噌漬けなど
粕漬け	粕を主とした材料で漬け込んだもの	奈良漬け、わさび漬け
こうじ漬け	こうじを主とした材料で漬け込んだもの	べったら漬け
酢漬け	食酢、梅酢、リンゴ酢を主とした材料で漬け込んだもの	ラッキョウ漬け、千枚漬け
ぬか漬け	ぬかと塩を主とした材料で漬け込んだもの	たくあん漬け、白菜ぬか漬け
からし漬け	からし粉を主とした材料で漬け込んだもの	ナスからし漬けなど
もろみ漬け	醤油または、もろみを主とした材料で漬け込んだもの	小ナスもろみ漬け、 キュウリもろみ漬けなど
その他	乳酸発酵漬物など	すんき漬け、すぐき漬けなど

とした。醤油と酢を合せた調味液に漬け込むものも広い意味で醤油漬けに含めた。

醤油漬けには漬物材料を直接醤油に漬けることもあるが、その多くは塩漬けで長期保存した材料を塩抜きしてから醤油で調味漬けするものが多い。漬け床に醤油を使ったものなので、材料の種類の多少でさまざまな漬物がつくられている。

材料の種類が少ないものでは、主としてキュウリを漬けたキュウリの醤油漬けがある。農家で醤油しぼりをすると、醤油をしぼった後に火入れをするが、このときに取り除く泡にダイコンを漬け込む「泡漬け」も醤油漬けの一種といえる。

多様な材料を利用した醤油漬けには福神漬けやウリのいんろう漬けがある。福神漬けは漬物をつくる側からいうと、漬物の端物・残り物などを原料として利用できる安全弁であり、いろいろつくり分けた漬物の最後に位置するものといえる。加工という行為は、必ずこのような、加工工程で出てくる副産物を有効に利用できる一品というものをもっているものである。

青梅の醤油漬けもここで取り上げた。松前漬けやハリハリ漬けは、醤油と酢でつくる調味液に漬けたものである。

ぬか漬け

ぬか漬けには、短期間で食べるものと長期に漬け込むものがある。ぬかやふすまで漬けるたくあん漬けは、一般には長期漬けの典型とされるが、原料ダイコンの干し具合と塩の使用量により比較的短期間で漬かる浅漬けのものから、漬け込み期間が半年、1年といった長期漬けのものまで幅広いバリエーションがある。菜の花のぬか漬けは菜の花の緑色を貴ぶので短期間漬け込んで食べるものである。

ぬか漬けはぬか床をどうするかによって、説明は尽くされるといってもよい。ナスのぬか漬けやキュウリのぬか漬け、ニンジンのぬか漬けなどは、ぬか床を使ういわゆる「ぬかみそ漬け」である。

酢漬け

酢漬けには野菜を塩で漬け込み、乳酸発酵させたしば漬け、すぐき漬け、サワークラウトなどがある。調味酢に漬け込んだ漬物にはラッキョウ甘酢漬けや野菜ピクルスがある。野菜ピクルスは、甘酸味に加えてスパイス、ハーブ類を使用し、現在の多様な食生活・料理にも取り入れやすく、需要の増加が見込まれる。

ピリ辛系の漬物

ピリ辛系の漬物は、トウガラシの辛味を特徴とした漬物で、従来の漬物の区分では独立した分野として扱われていなかった。しかし、キムチの普及といわゆる激辛ブーム、食べるラー油などトウガラシのおいしい辛味が家庭内にも定着し、トウガラシの辛味を特徴とした漬物や調味料が定位置を得ている。

塩漬け

のらぼう菜の浅漬け

【のらぼう菜の浅漬けのポイント】
・南関東の特産野菜として注目されるのらぼう菜
・塩と差し水を使って手早くもみ込む
・シャキシャキした食感。サラダ感覚で食べられる

特徴

のらぼう菜は神奈川県川崎市多摩区菅地区や東京都あきる野市の一部で栽培されているアブラナ科の野菜である（写真1）。アブラナ科の野菜特有の辛味やクセが少ないのが特徴。地域固有の野菜として自家消費が主であったが、近年、菅地区の農産物直売所で販売されて評判となり、二〇〇〇年には川崎農産物ブランド「かさわきそだち」にも追加登録された。通常は浅漬けやおひたしで食べることが多いが、和風・洋風・中華風のいずれの料理にも利用できる便利な野菜である。

写真１　のらぼう菜

写真２　のらぼう菜の収穫

原料

●のらぼう菜

とう立ちした花茎をかき取って収穫する（写真２）。収穫時期は花茎が伸び出した2月下旬から、花茎が硬くなる前の４月下旬まで。とう立ちした花茎は生理活性が盛んで、時間が経つと甘味が低下してくるため、収穫したらすぐに漬け込むのがよい。すぐに漬け込めないときは、薄いプラスチック袋に入れて冷蔵庫で保存すれば２～３日は保存できる。

●分量の目安

原料：のらぼう菜５００g、塩10g、差し水２００mℓ（水２００mℓ＋塩４g）
仕上がり量：３５０～４００g

製造工程

●のらぼう菜を水洗い

のらぼう菜は先端に伸びた花茎を20cmくらいの長さに折り取って収穫するので、泥がつくことは少ないが、土ぼこりが葉柄の付け根にたまっていることが多いので、付け根部分に気をつけて洗う。洗ったのらぼう菜はざるに取り、サッと水を切る。

●差し水の調整

のらぼう菜は水が出にくいので、漬け込む際には差し水を行なう。のらぼう菜を漬ける際の塩分量が２％なら、差し水も塩分濃度２％に調整したものを使う。差し水によってすき間が塩水で満たされ、塩の効果が出やすくなる。

●漬け込み量が少ないとき

【袋もみ】　のらぼう菜の量が少ないときは、最初に袋もみを行なう。

〈原料と仕上がり量〉
原料：のらぼう菜500 g、塩（のらぼう菜の2%）10 g、差し水（のらぼう菜の40%、大量の場合は10～20%）水200 mℓ、塩2%
仕上がり量：350～400 g

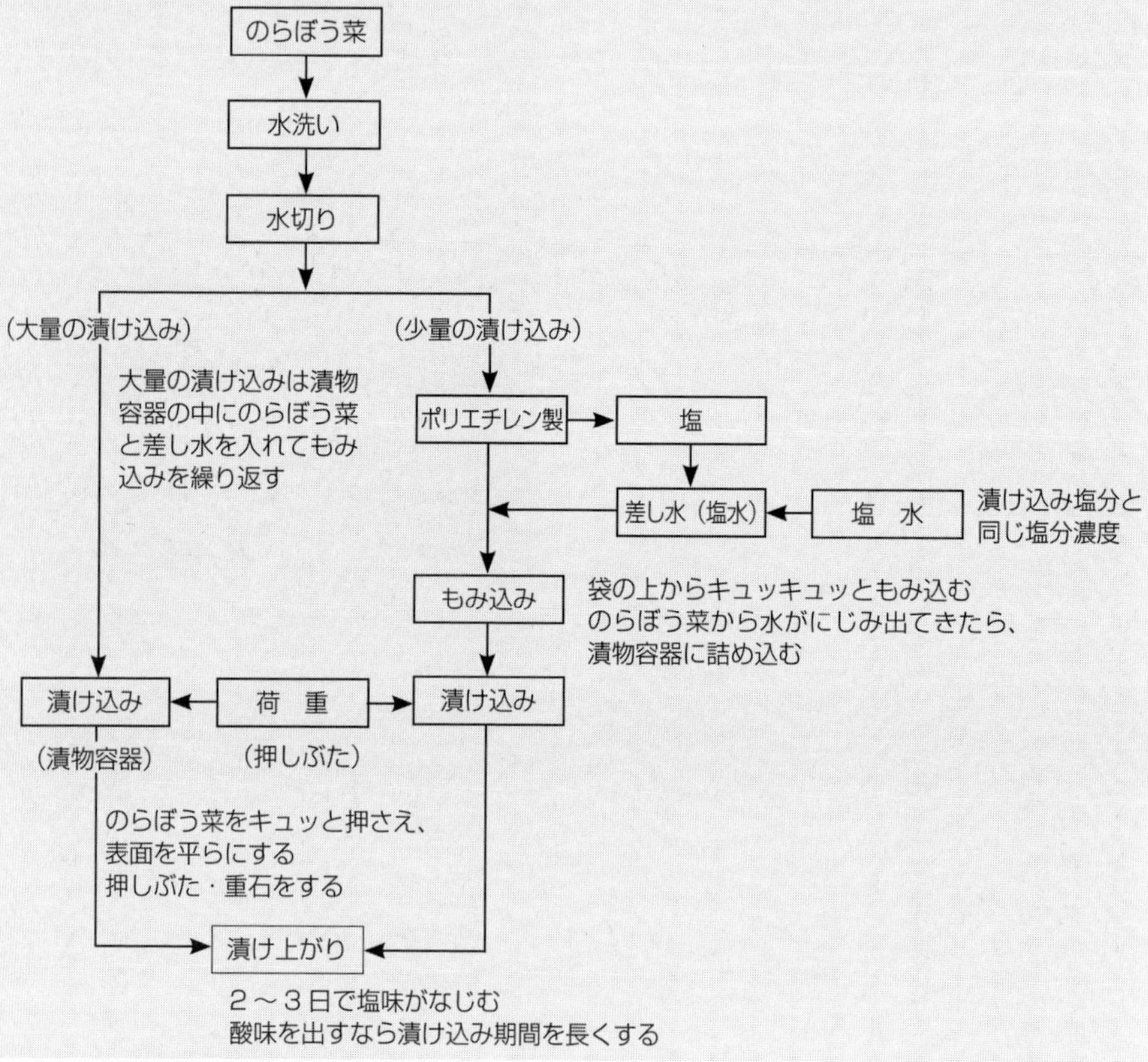

のらぼう菜
水洗い
水切り
（大量の漬け込み）
（少量の漬け込み）
大量の漬け込みは漬物容器の中にのらぼう菜と差し水を入れてもみ込みを繰り返す
ポリエチレン製
塩
差し水（塩水）
塩　水
漬け込み塩分と同じ塩分濃度
もみ込み
袋の上からキュッキュッともみ込む
のらぼう菜から水がにじみ出てきたら、漬物容器に詰め込む
漬け込み
荷　重
漬け込み
（漬物容器）
（押しぶた）
のらぼう菜をキュッと押さえ、表面を平らにする
押しぶた・重石をする
漬け上がり
2～3日で塩味がなじむ
酸味を出すなら漬け込み期間を長くする

のらぼう菜の浅漬けの製造工程

プラスチック袋にのらぼう菜を入れて、2%の塩と、塩分濃度2%に調整した差し水を少し入れ、袋の上からもみ込んで全体に塩をまわす（写真3）。

【漬け込み】茎が少し軟らかくなり、葉がクシャクシャになって、全体に濃い緑色に変わってきたら、袋から取り出して漬け込み容器に詰め込む。容器に入れるときは、茎の方向を変えながら重ねて、全体の厚みが同じになるようにすること（写真4）。プラスチック袋の中に残った塩や塩水も差し水として容器の中に入れ、表面を平らにして、押しぶたと軽い重石をのせる。

●漬け込み量が多いとき

【漬け込み】量が多いときは、直接、漬け込み容器に漬け込んでいく。のらぼう菜を容器に一段分並べ、塩を一振りし、塩分濃度を調整した差し水を入れて、

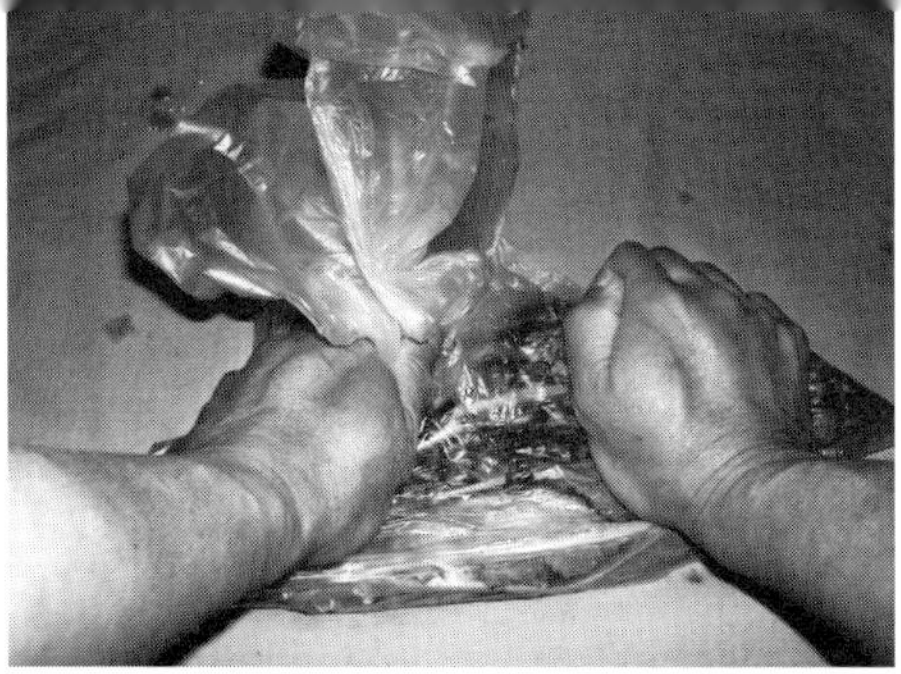

写真３　のらぼう菜と塩を入れて袋もみする

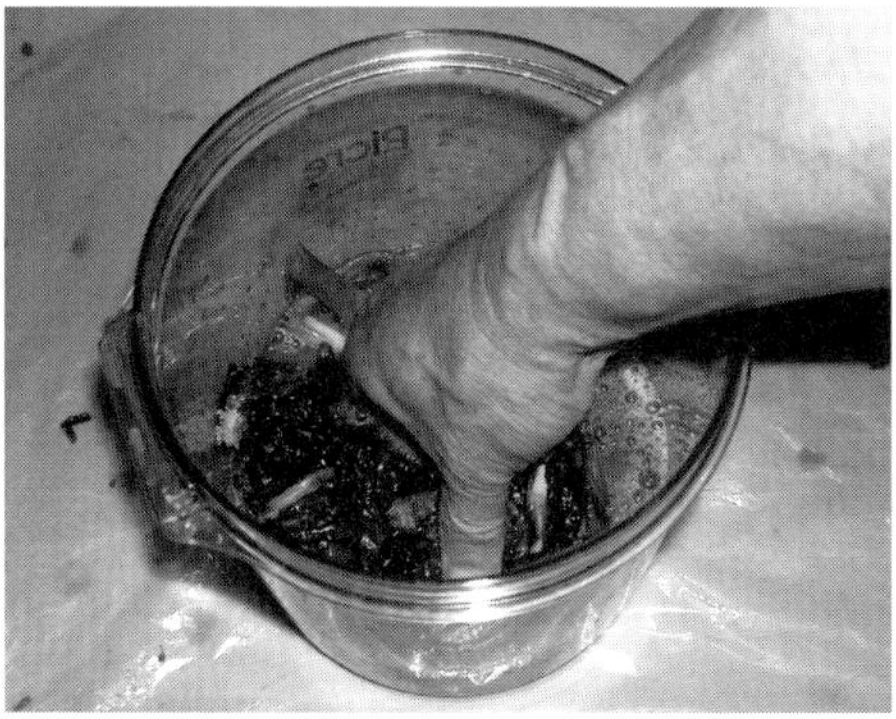

写真４　袋もみしたのらぼう菜を容器に漬け込む

手のひらで押しつけるようにしてキュッキュッと押し込む。緑が濃くなり、葉がしんなりしてきたら次の段に移る。

のらぼう菜の向きを変えて全体の厚みが同じになるように並べ、塩と差し水をして下段と同様に塩もみを行なう。これを繰り返してすべてののらぼう菜を漬け込んだら、最後に塩を上にのせ、差し水を注いで、押しぶたと重石をのせる。

【食べごろ】　漬け込んでから2〜3日すると塩味が全体になじむので食べ始めることができる。のらぼう菜の浅漬けは塩味が薄く淡泊なので、サラダ感覚で食べられる。好みに応じて醤油や一味唐辛子などをかけてもよい。

暖かい時期には4〜5日で乳酸菌が繁殖して酸味が出てきたり、産膜酵母が発生したりして、風味や色調が変化してくるので、なるべく早く食べきること。長くもたせたいならプラスチック袋などに移して冷蔵保存する。

のらぼう菜の浅漬けQ&A

Q 01 のらぼう菜を分量の塩でもんでも水分が出にくく、うまく塩がまわらない

A 塩水を入れてもみ込む

のらぼう菜を漬物容器の中で塩もみする際には、塩をまぶすだけでなく、塩水を加えてからもみ込むようにする。この塩水は、漬け込みに使う塩の比率と同じ塩分濃度（2％）になるよう、あらかじめ塩を溶かしておく。

のらぼう菜の漬け込み量が少ないときには、差し水の量はやや多くして、のらぼう菜の40％くらいにする。のらぼう菜の量が多いときには、差し水は10〜20％くらいにする。大量の場合には、容器に比べると比較的少量の漬け込み材料に、差し水を入れてもみ込みを繰り返すので、初めこそやや多い差し水が必要だが、あとになるほど、漬液が上がってくるので、しだいに差し水の必要量は少なくなる。

大山菜のきざみ浅漬け

【大山菜のきざみ浅漬けのポイント】
・少量だけ漬けたい場合も簡単につくれる
・一部が傷んだり、不揃いな材料でも利用可能
・塩分と保管温度で発酵を調節

特徴

大山菜（おおやまな）は伊勢原市子易地区で栽培されてきたカラシナの一種である（写真１）。通常、大山菜は丸のまま（生育時の姿のまま）漬け込むが、ごく少量だけ漬けたい場合は、小さくきざんで「きざみ浅漬け」として漬け込むとよい。この方法なら、規格外のサイズのものや、一部が傷んで切り落としたものなど、丸のまま漬け込むのがむずかしい大山菜も活用できる（写真２）。きざみ浅漬けは、食べるときに切る手間がかからず、すぐに食べられる。

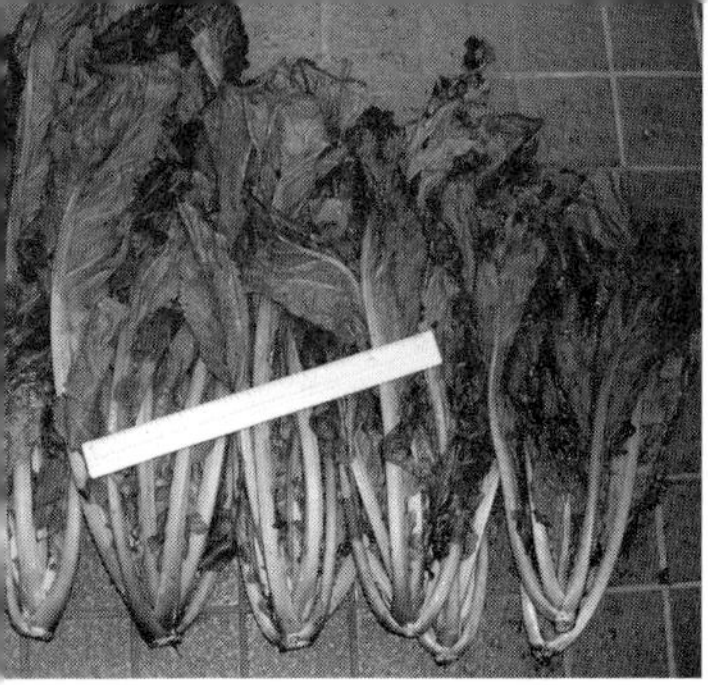
写真１　大山菜。菜の上に置かれているのは30㎝のものさし

写真２　大山菜のきざみ浅漬け

原料

●大山菜

きざんでから漬けるので、半端な大きさのものや一部を切り落として形が悪くなった大山菜も利用できる。カラシナの特徴である辛味と塩味を特徴とする漬物だが、まろやかな味に仕上げるなら、アミノ酸（昆布）、核酸（シイタケ）、イノシン酸（かつお節）などを含む副材料を加えてもよい。

●分量の目安

〈原料５００ｇの場合〉

原料：大山菜５００ｇ、漬け込み用塩水（水３００mℓ、塩

25ｇ）

仕上がり量：３５０ｇ

〈原料10kgの場合〉

原料：大山菜10kg、漬け込み用塩水（水２ℓ、塩１００ｇ）、塩２６０ｇ

仕上がり量：7.5kg

製造工程

●少量（大山菜500g）を漬け込む場合

【水洗い】まず大山菜の変色、変質しているところを取り除き、水で洗う。水をよく切ったら、包丁で２cm程度の幅に切っていく。

【漬け込み】３００mℓの水に塩25ｇをよく溶かして、漬け込み用の塩水をつくる。漬物容器にきざんだ大山菜を入れて、上から漬け込み用の塩水を注ぎ込み、大山菜がしんなりとしてくるまで、手でキュッキュッともみ込む（写真３）。大山菜がしんなりとして水が出てきたらもみ込みは完了。副材料を入れるならここで混ぜ込めばよい。押しぶたをして１～２kgの重石をのせる。漬物容器に異物が入らないようにふたをして、涼しいところに置いておけば、１週間ほどで乳酸発酵が始まり、大山菜の浅漬けの風味が出てくる。

【塩分濃度】このレシピでは、きざみ浅漬けの最終的な塩分濃度は３％程度となり、本来の大山菜漬けよりはやや塩分控えめに仕上がる。長期漬けにする場合は、もう少し塩分濃度を濃くしたほうがよい。

写真３　きざんだ大山菜を容器に入れ、塩水を注ぐ

●大山菜10kgを漬け込む場合

【漬け込み】大山菜をきざむところまでは前項と同じ。10kgを一度に入れてもむのは大変なので、まずは2.5kg程度の大山菜と塩水２ℓを入れてもみ込む。大山菜から漬液が出てしんなりしてきたら、次の大山菜2.5kg程度と塩80ｇを混ぜながら加えて、もみ込む。この作業を繰り返して全量を漬け込んでいく。

２回目以降のもみ込みの際は、塩水の代わりに塩を振ってもみ込むが、最終的にどのくらいの塩分濃度にしたいかを決めて使う塩の量を計算しておくことが大切である。

【重石】大山菜のもみ込みと塩分濃度の調整が終わったら、押しぶたをして重石をのせる。この場合の重石は、すでにもみ込んで漬液を出しているのでそれほど重くする必要は

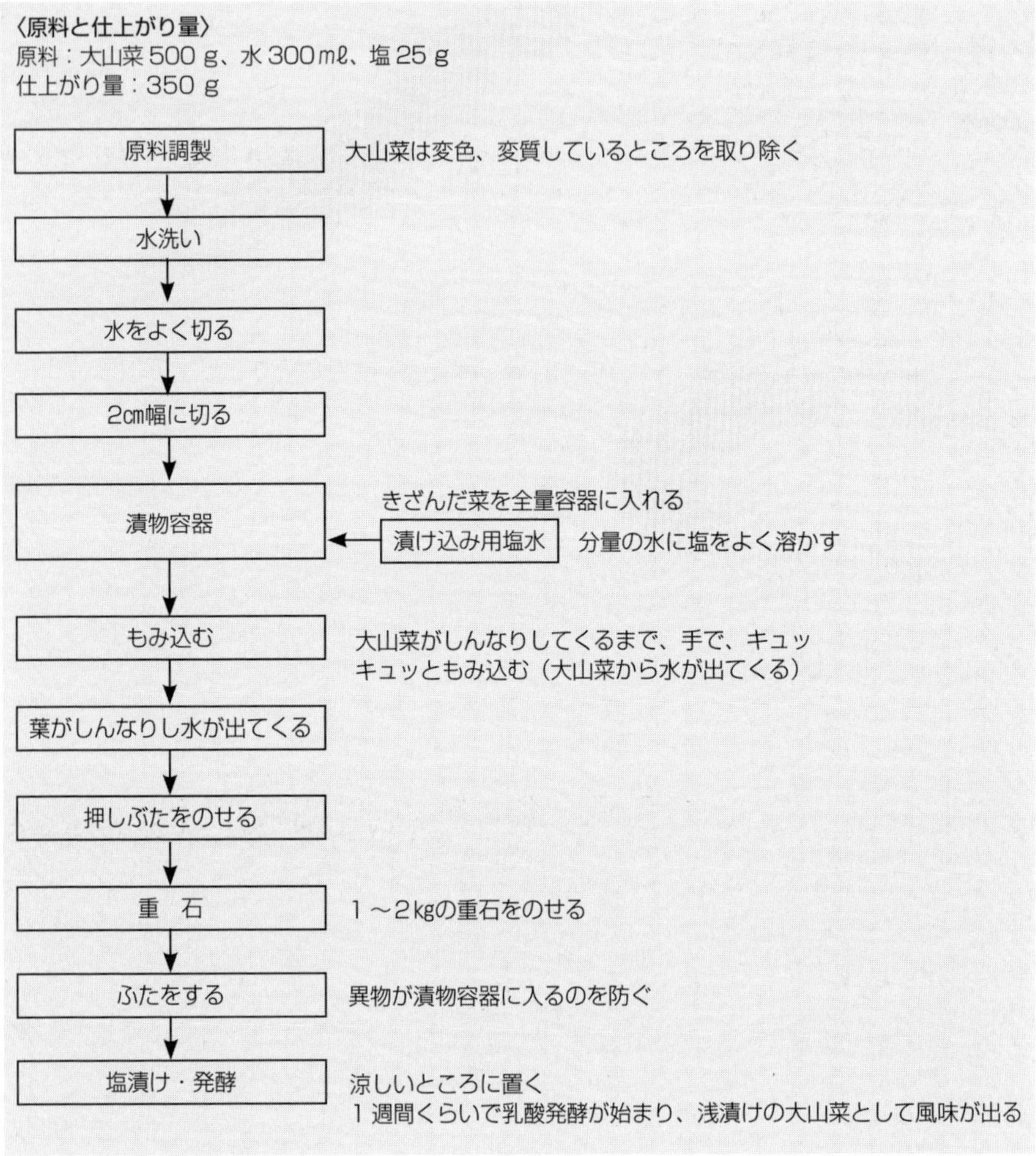
〈原料と仕上がり量〉
原料：大山菜500g、水300mℓ、塩25g
仕上がり量：350g
原料調製
大山菜は変色、変質しているところを取り除く
水洗い
水をよく切る
2cm幅に切る
漬物容器
きざんだ菜を全量容器に入れる
漬け込み用塩水
分量の水に塩をよく溶かす
もみ込む
大山菜がしんなりしてくるまで、手で、キュッキュッともみ込む（大山菜から水が出てくる）
葉がしんなりし水が出てくる
押しぶたをのせる
重　石
1～2kgの重石をのせる
ふたをする
異物が漬物容器に入るのを防ぐ
塩漬け・発酵
涼しいところに置く
1週間くらいで乳酸発酵が始まり、浅漬けの大山菜として風味が出る

大山菜のきざみ浅漬けの製造工程

なく、漬液が大山菜の上まで上がってくる程度の重さ（5kg程度）でよい。

【食べごろ】乳酸発酵が進み、わずかな酸味が出てくれば食べられる。食べごろになるのはだいたい1週間後と思われるが、漬液の味をみて確認する。

安定的に製造するには、漬け込み後の保管条件、とくに温度を一定に保つことが必要である。また、保管温度を調節すれば、食べごろを若干早めたり、遅らせたりすることもできる。

大山菜のきざみ浅漬けQ&A

Q01 袋に入れて漬け込んだが、味にムラがある

A 漬け込み時に塩水を使って全体を均一にするようにしているが、保管中は塩水が袋の下部のほうに多くたまるので、袋の中でも下のほうの塩分が濃くなることがある

漬け込んだらそのままにせず、2、3日目くらいで、袋の外から軽くもんで全体を混ぜ、均一な味にすることが必要。大量に漬け込んだときも、全体を均一にする天地返しをしたほうがよい。

Q02 漬け上がった大山菜の塩味が濃い

A ここでは漬け上がりの塩分を3%として漬け込んでいるが、それでも塩辛すぎるようなら、塩分を2〜2.5%に減らす

または、塩味をまろやかにするアミノ酸（昆布）、核酸（シイタケ）、イノシン酸（かつお節）などを含む副材料を加える。

Q03 きざんだ大山菜を塩でもんだら手がピリピリと痛くなった

A 塩の結晶と大山菜の硬い組織のため、手に微細な傷がつきやすい

さらにもみ込むことで大山菜に含まれる辛子油（イソチオシアネート）が出てくるためにピリピリと痛く感じる。これを防ぐには調理・加工に使うゴムやプラスチック製の手袋をして作業する。

Q04 酸味が出ておいしくなったが、葉の色が緑色から緑褐色に変化した

A 漬物の中で乳酸菌が増殖し、乳酸が生成されると葉緑素（クロロフィル）が分解されフェオフィチンに変化するため緑色から黄緑色、黄褐色に変化する

酸が強く、温度が高いと、この変化は速やかに進む。酸がわずかに出た段階で、低温に保持して変化を緩慢にする。

酸味が出てくると、漬物としてのおいしさと葉色のあざやかな緑色を両立させるのはむずかしい。そこで、味に重点をおく漬物とするのか、外観のあざやかさに重点をおく漬物とするのか、考えをまとめておく必要がある。

塩漬け

大山菜漬け（カラシナ漬け）

【大山菜漬けのポイント】

- 収穫後の風当てで歩留まりと作業性を向上
- 低温保存により独特の風味を醸成
- 仕上げのもみ込みで辛さを引き出す

特徴

●ピリッとした辛さが魅力

大山菜は神奈川県の大山山麓伊勢原市の小易地区で江戸時代から栽培されてきたカラシナの一種（写真１）。地元では「おおっぱ」「子易菜（こやすな）」とも呼ばれる。

この大山菜を漬物にした大山菜漬けはピリッとした辛さが特徴で、神奈川の名産１００選にも選ばれ、特産品として販売も行なわれている（写真２）。

大山菜には従来からの品種のほか、品種改良によって平成７年に誕生した「おおやまそだち」「さがみグリーン」という二つの新品種がある。

どの品種も漬物には適するが、とくにさがみグリーンは、葉がコマツナのように軟らかく味もマイルドなため、おひたしや炒め物にしてもおいしく食べられる。

カラシナは種子だけでなく葉や葉柄にもカラシ油と呼ばれる刺激成分（イソチオシアネート）を多く含んでおり、これが特有の辛味を生む。ただしカラシ油成分は分解・消失が早く、分解すると苦味や異臭の元になるので、香味を保つには低温保持がポイントとなる。

写真１　大山菜

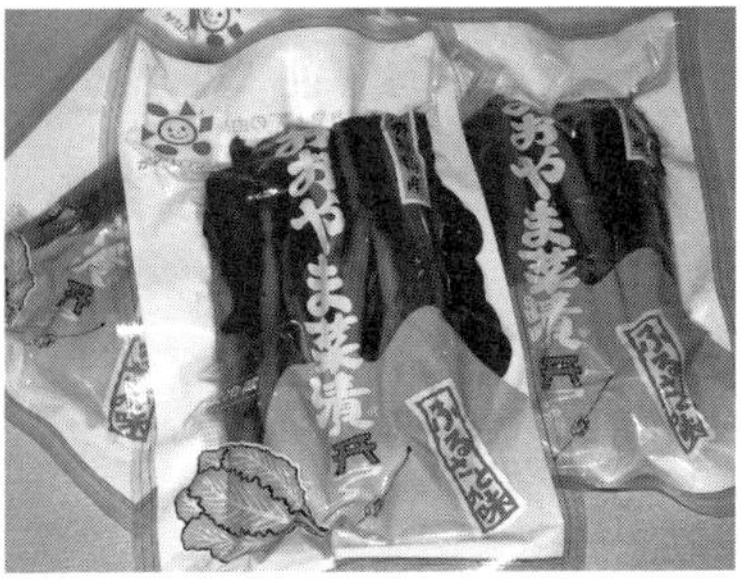

写真２　大山菜漬け

〈原料と仕上がり量〉
原料：カラシナ（大山菜）10kg、塩 300 g、差し水（水 2ℓ、塩 60 g）
仕上がり量：7.5kg（300 g入袋、25 個）

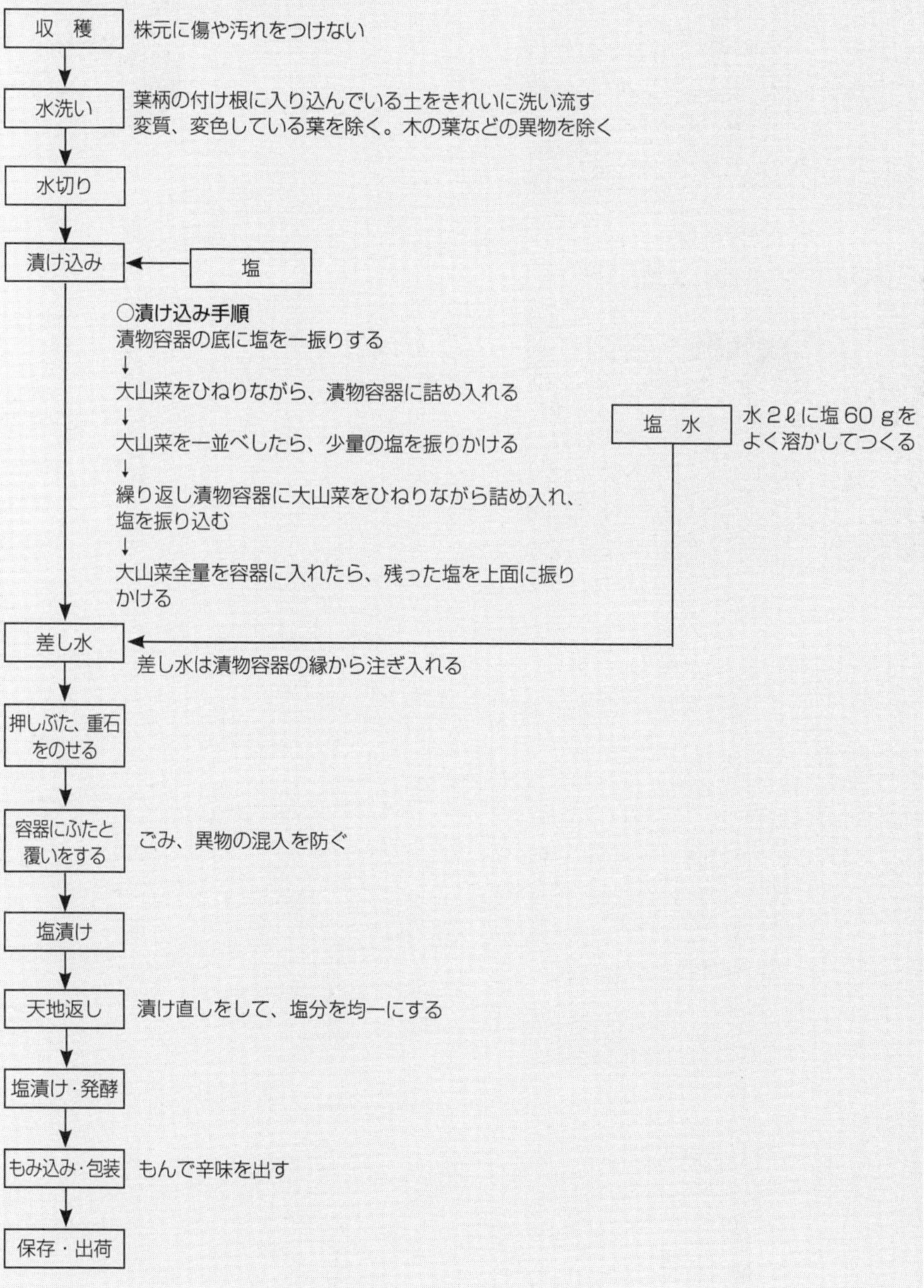

収　穫
株元に傷や汚れをつけない
水洗い
葉柄の付け根に入り込んでいる土をきれいに洗い流す
変質、変色している葉を除く。木の葉などの異物を除く
水切り
漬け込み
塩
○漬け込み手順
漬物容器の底に塩を一振りする
大山菜をひねりながら、漬物容器に詰め入れる
大山菜を一並べしたら、少量の塩を振りかける
繰り返し漬物容器に大山菜をひねりながら詰め入れ、
塩を振り込む
大山菜全量を容器に入れたら、残った塩を上面に振り
かける
塩　水
水 2ℓに塩 60 gを
よく溶かしてつくる
差し水
差し水は漬物容器の縁から注ぎ入れる
押しぶた、重石
をのせる
容器にふたと
覆いをする
ごみ、異物の混入を防ぐ
塩漬け
天地返し
漬け直しをして、塩分を均一にする
塩漬け・発酵
もみ込み・包装
もんで辛味を出す
保存・出荷

大山菜漬けの製造工程

原料

●大山菜―風に当ててしなびさせると漬けやすい

収穫時は葉や葉柄を汚さないように注意する。とくに葉柄の基部が地面にこすれて傷つき、その部分に土が入り込むと水洗いしても落ちないので、地面にじかに置かないこと。変色したり傷んだりした葉や葉柄は、収穫時に取り除いておく。

なお、収穫直後の大山菜は、葉がパリパリして扱いにくいので、葉に風を当てて少ししなびさせるとよい。こうすることで葉が傷つきにくくなり、漬け込み作業がやりやすくなる。収穫直後に風当てができなかったときは、水洗後に時間をとって行なう。

●分量の目安

原料：大山菜（カラシナ）10kg、塩300g、差し水（水2ℓ、塩60g）

仕上がり量：7.5kg

製造工程

【水洗い】大きな洗い桶に水を張り、大山菜をザブッと浸けて水中で振り洗いする。葉や葉柄の汚れが取れたら、葉柄の付け根の部分に水流を当ててたまっている砂や土を洗い流す。葉柄の間にはさまったごみ、落ち葉なども注意して取り除くこと。

【水切り】洗い上げたら、茎に近い葉柄をつかんでサッと振って水を切る。収穫直後で、まだ葉がパリパリしているようなら、水洗後に風に当てて葉を少ししなびさせる。

【漬物容器】大山菜は葉が大きくかさばるので、漬物容器は大きめのものを用意する。なお、漬け込んで2～3日したら、塩分を均一にするために天地返しを行なうが、このときにかさの小さくなった大山菜を合わせて、漬物容器の数を減らすことができる。

写真３　ひねって漬ける

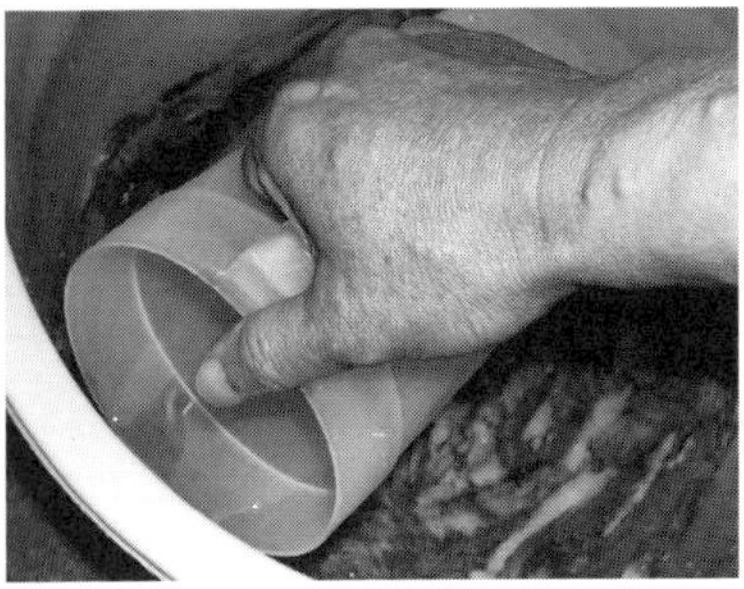
写真４　差し水

【漬け込み】まず漬物容器の底全体に少量の塩を均一に振る。これは最初に入れる大山菜が容器の底板と密着して、塩分の浸透が遅れるのを防ぐための塩である。

　続いて大山菜を漬物容器に漬け込んでいく。一方の手で葉柄の根元を握り、もう一方の手で葉の真ん中あたりをつかんで軽くひねるようにすると、葉が広がらず、楽に入れることができる（写真３）。つかんだ大山菜を漬け込み容器の形状に合わせてすき間のできないように並べる。一段分を並べたら少量の塩を振りかけ、同じように次の段を並べていく。

【塩の振り方】塩は、下の段には少なめ、上の段には多めに振る。また一番最後の段の上には、漬け込みに使用する塩の１／４～１／５量の塩をのせる。最後にのせる分の塩は、作業を始める前にあらかじめ取り分けておくとよい。

【差し水】大山菜を容器に入れ終えたら、水２ℓに塩60ｇを溶かした塩水を「差し水」として注ぐ。差し水は、大山菜の上にのせた塩を流さないよう、容器の縁から静かに注ぎ入れる（写真４）。

写真５　押しぶた

【押しぶたと重石】漬け込んだ大山菜の上にプラスチックシートを敷き、押しぶたと重石をのせて、漬物容器にふたをして冷暗所で保存する。押しぶたは必ず漬物容器に合った大きさのものを使うことが大切（写真５）。また重石はしっかり荷重がかかるもの（材料２～３kgなら重石は10kg）を用意する。

【天地返し】漬け込み２～３日後に、漬物容器全体の塩濃度を均一にするために天地返しを行なう。まず漬け込んだ大山菜を取り出し、漬液とともに別の容器に移す。漬物容器の底に溶け残っている塩がないかどうか確認し、溶け残りがあるようなら漬液で完全に溶かす。

　最後に、大山菜を再び容器に納めて漬液を注ぎ込み、押しぶたと重石をする。

【仕上げのもみ込み】漬け込んでから１週間から10日で漬け上がりとなる。漬け上がりの確認は漬液や大山菜の色調と味で判断する。漬け上がった大山菜は、漬液から取り出して軽くもみ込んでおく。これにより、鼻にツンとくる辛味成分が出てくる。辛味を強調するためには、このもみ込みが必須の工程となる。

●漬け込み量が少ないときでも重石は重めに

　しばしば「重石は材料と同じ重さに」といわれるが、これは50～60kgの大樽で漬け込む場合の話であって、漬け込み量が少ないときは同量の重石では足りない。たとえば材料が２～３kgなら10kg程度の重石、材料が５～10kgなら20kg程度の重石を使い、しっかり荷重がかかるようにすることが大切。

●漬け込み容器は冷暗所で保存

漬物容器は、なるべく温度の低い場所（気温5～10℃程度）に置くことが大切。温度が高いと微生物の増殖・活動が促進されて発酵は早く進むが、酸味が強くなりすぎたり、異臭が発生するなどのトラブルが起こりやすい。

温度が低いと微生物（乳酸菌・酵母）がおだやかに活動するため、じっくりと旨味が醸成される。また品質管理もしやすくなる。

大山菜漬けQ&A

Q01 大山菜を漬け込むとき、葉が細かくちぎれた

A 風に当ててしなびさせてから漬け込む

新鮮な大山菜は葉がパリッとしているため、そのままの状態では容器に押し込む際に葉が割れて切れやすい。これを避けるには、収穫後、しばらく日陰に置いて風に当てる。こうして葉が少ししなびてくれれば、漬け込む際に切れることは少なくなる。大山菜は気温の低い冬季に漬けるため、しばらく放置しておいても品質が大きく低下する心配はない。

なお、風に当てるのは水洗前でも水洗後でも、手順のよいところで行なうとよい。

Q02 漬け上がった製品に繊維の硬いところがある

A 育ちすぎた大山菜を混ぜない

育ちすぎた大山菜は繊維が太く、漬けたときの歯触りが硬くなる。大山菜漬けをつくるときには、漬け込む大山菜の生育度を揃えておくことが大切。なお、育ちすぎた大山菜を使う場合は、漬け込み期間を長くすると乳酸による繊維の分解が進み、少し歯触りがやわらかくなる。ただし葉色が緑色から褐色に変わるとともに、辛味は薄れてゆく。

Q03 漬け上がった製品を冷蔵庫に入れておいたら液が濁って褐色になった

A 乳酸による葉緑素の分解が起こった

液の中に微生物が増殖し、生成した乳酸によって葉緑素が分解され、緑色から褐色に変化したと思われる。長期間保存する場合は冷凍保存することが必要。冷凍すれば微生物の増殖はなくなり、葉緑素もそのまま保たれるので緑色が保持される。

シソの実漬け

【シソの実漬けのポイント】
- 利用目的に合わせてシソの実の熟度を選ぶ
- 保存性が高く、冷蔵すれば複数年にわたって利用可能
- 和風料理の風味づけや、シソの実ご飯などに

特徴

シソは茎や葉、花穂など全体に芳香があり、各部分がそれぞれ利用されている。花穂の3分の1程度が開花したものは「花穂ジソ」、一部に実のできた種つきの花穂を「穂ジソ」あるいは「たばほ」と呼び、刺身のつまや天ぷらなどに用いる。花穂の生育が進んで花軸の下の子実が成熟し始めたものや、すべての子実が成熟したものを「こき穂」と呼び、塩漬けや佃煮の風味づけに利用する。

ここで紹介するシソの実漬けは、シソの実に対して10%の食塩を使って漬け込む。そのままではちょっと塩辛いが、熱いご飯に混ぜれば塩味の利いたシソの実ご飯になる。また、キャベツやダイコン、キュウリなど手近にある野菜をざっくりきざんで合わせて漬け込むと、シソの実風味の浅漬けになる。

原料

●シソの子実
—穂先につぼみが残っている状態のものがよい

シソの子実を採取する時期は、利用する目的によって異なる。シソの花穂は軸の下部から順番に開花していくが、シソの実漬けにする花穂は、花が全部咲ききる前、穂の頂部につぼみが残っているか開花を始めたばかりの状態のものが望ましい。

それより前だと香りはよいが歩留まりが悪い。逆に花が全部咲き終わると下部の種子が成熟して硬くなり、歯触りが悪くなる。

●分量の目安

原料：シソの実５００g、塩50g
仕上がり量：５００〜５５０g

製造工程

【子実をしごき取る】収穫した花穂をよく洗い、花穂から子実を取る。量が少ないときは手指で簡単にしごき取ることができる。量が多い場合は手を痛めるので、歯のしっかりした櫛などを利用したり、千歯こきのような道具を手づくりして使うとよい。

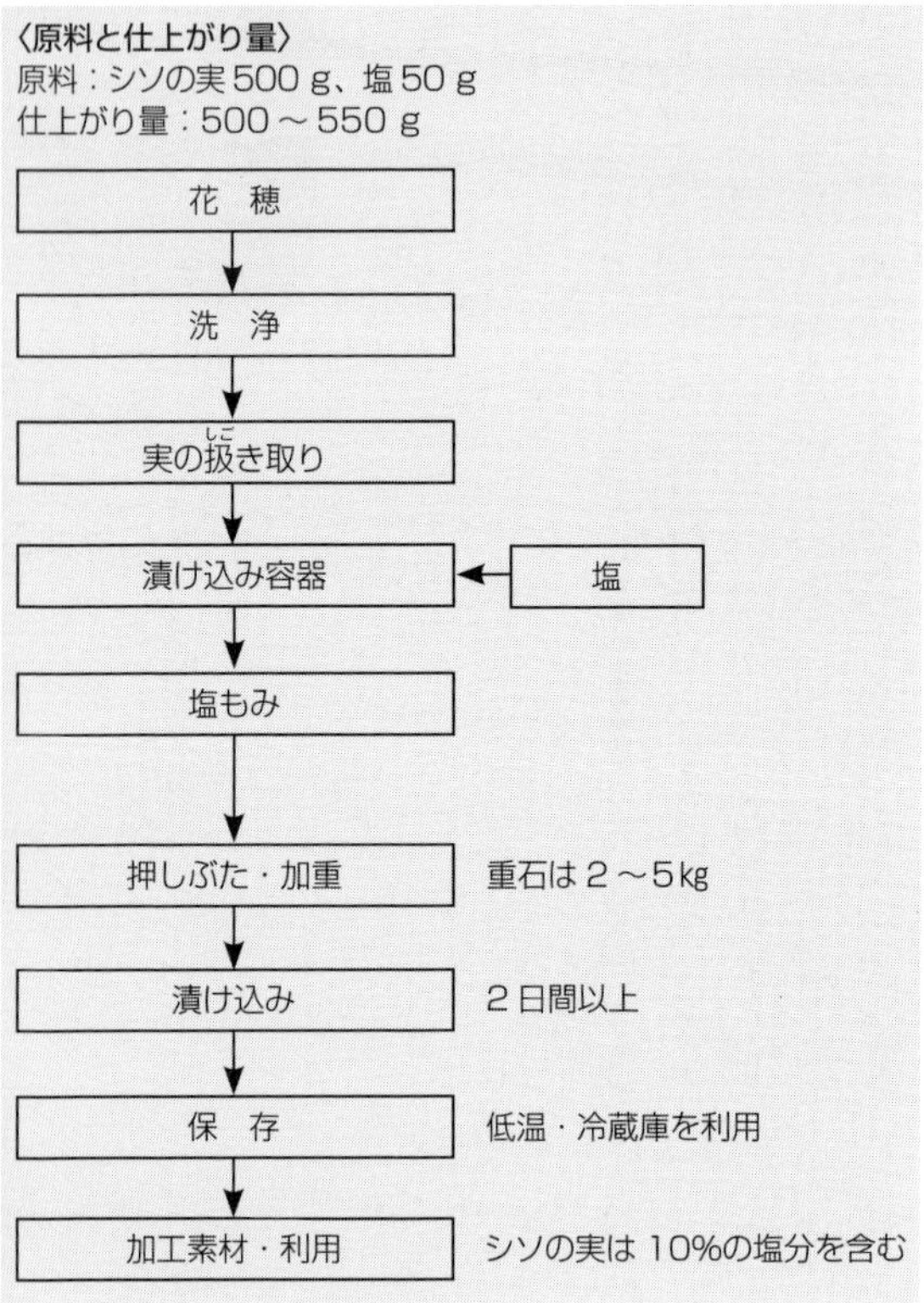

シソの実漬けの加工工程

【塩もみ】シソの子実を漬け込み容器に入れ、10％の分量の塩（シソの子実100gに対して食塩10g）を加えて、全体になじむように手で軽くもみ込む（写真1）。漬け込むシソの実の量が多いときは回転式攪拌機を使うか、何回かに分けて行なうとよい。逆にシソの実の量が100～200g程度なら、プラスチック袋に入れて袋ごともみ込むと、手を汚さず簡単に塩もみができる。

【漬け込み】塩もみを終えたら、押しぶたをして重石をのせる。シソの実の量が少ないときは、2～5kg程度の重石でよい。2日間くらいで漬け上がる。押しぶたと重石がきちんとしていれば、漬け込み期間は多少長くなっても問題ない。

ただし、漬け込み期間が長くなると乳酸発酵が進み生成された乳酸のため、シソの色は

写真１　シソの実を塩でもみ込む

緑色から黄褐色に変化する。

【保存】　そのまま食べるには塩分濃度は高いが、保存用としては塩分濃度が高くないので、必ず冷蔵保存する。漬け込み容器のままでもいいが、プラスチック袋に移したほうが管理は楽になる。

プラスチック袋に詰める際には、シソの実と一緒に漬液も入れ、袋の中に空気を残さないようにして密閉すると長持ちする。冷凍保存すればさらに長く保存できる。

シソの実漬けQ&A

Q 01 シソの実漬けの歩留まりが悪い

A 実が成熟する前に収穫してしまった

シソの実を収穫する時期が早すぎると、まだ種が成熟していないため、歩留まりが悪くなる。歩留まりを上げるには種が成熟してから収穫する必要がある。ただし収穫時期が遅れると種が硬くなってしまうので注意する。

シソの花は花穂の下のほう（幹に近いほう）から開花を始める。花穂の中間くらいまで開花が進んだ状態では、香りはよいものの、まだ種が十分に成熟していないため歩留まりが悪い。一方、花が花穂の先まで全部咲ききってしまうと、穂の下部のほうについた種は成熟が進み、硬くなってくる。したがってシソの実漬けに使うシソの穂は、花が完全に咲ききる直前、花穂の頂部がつぼみから咲き始めの状態のころがもっともよい。

Q 02 シソの実が硬くカサカサしている

A 収穫が遅れて硬くなったものと思われる

収穫する時期が遅れたために、シソの実の苞が老化して硬くなったものと思われる。シソの実漬けに使うシソの実は、完全に硬くなってしまう前に収穫することが大切だ。適切な収穫時期については、直前のＱＡを参照のこと。

Q 03 塩が濃いとのクレームがきた

A 食塩が均一に混ざっていない可能性も

適切な塩分量は、水切り後のシソの実の重量の10％。まずは漬け込み時に使った塩の量がまちがっていなかったかどうか確認する。塩分量が適正なのに塩味が濃い場合は、食塩が全体に均一に混ざっていなかった可能性がある。均一に混ざっていないと、塩分濃度の濃い部分と薄い部分とができてしまう。食塩を加える際に、塩分濃度が均一になるようにしっかり撹拌してから漬け込むことが大切だ。

Q 04 細い棒が入っているとのクレームがきた

A シソの穂軸が混入したものと思われる

シソの実漬けを仕込む際に穂の軸の部分が混入することがあり、これを異物と考えた購入者からクレームが寄せられるケースも見られる。軟らかい軸なら大きな問題にならないが、硬い軸が混入することは避けなければならない。

Q 05 保存していたら、カビが生えた

A シートで覆い、空気との接触を避ける

シソの実を漬け込んだ漬液の表面が空気にふれていると、好気性微生物である酵母や糸状菌が繁殖する。これを防ぐには、漬液の表面をプラスチックシートなどで覆い、空気とふれないようにする必要がある。

Q 06 保存していたら、いやなにおいがするようになった

A 耐塩性微生物の繁殖によるもの

微生物の増殖によって変質が起こったと考えられる。塩分濃度10％程度では微生物の発生を完全に抑えることはできないため、保存期間が長期になると耐塩性微生物が繁殖して異臭が発生することがある。長期にわたって保存する場合は、塩分濃度を20％以上とし、加熱処理したうえで、空気を遮断して低温保管することが望ましい。塩分濃度を変えないで長期保存するなら冷凍する。

Q 06 キュウリとナスにシソの実漬けを加えて即席漬けをつくりたいのだが

A 適当な大きさ、厚さに切ったキュウリとナスにシソの実漬けを加えて、もみ込めばよい

生のキュウリとナスの総量が１kgならば、シソの実漬けは１００～２００ｇがよい。このときシソの実漬けは漬液も一緒に容器に入れてもみ込むこと。シソの実漬けは10％の食塩で漬け込んでいるので、シソの実には10～20ｇの塩分があることになる。１kgのキュウリとナスに合わせ、全体に塩がなじむと１～２％の塩分になる。

もみ込むシソの実漬けの量を減らしたいときは、食塩を補ってもみ込む。さっぱりした即席漬けになるので、食べるときに極少量の醤油をかけるとよい。

塩漬け

桜の花漬け

特徴

●八重咲きのサクラ花を使うと豪華

サクラの花を梅酢と塩で漬け込んだのが桜の花漬けである。祝い事の桜湯のほか、パン、菓子、ゼリーなどに利用されている。きざんだ桜の花漬けを温かいご飯に和えた桜ご飯も風情がある。

写真１　関山

写真２　普賢象

【桜の花漬けのポイント】

- ・3～8分咲きの花弁を漬ければ風情のある桜湯に
- ・梅酢は赤梅酢でなく白梅酢を使う
- ・色上がりをよくするにはミネラル分の少ない塩を選ぶ

サクラの花は一重咲きでも利用できるが、八重咲きのほうが桜湯に浮かべたときに豪華であり、菓子やパンなどに使うにも大きくなるため好まれる。

桜の花漬けが盛んな神奈川県では、濃いピンクの八重花をつける関山（かんざん・写真1）と、薄いピンクの八重花をつける普賢象（ふげんぞう・写真2）が主に用いられている。清楚な感じを求めるなら、やや花が小さい八重紅枝垂れ桜を原料に用いる。

原料

●サクラの花—花は3～8分咲きのものを選ぶ

桜の花漬けを桜湯に使う場合は、サクラの花は2～3輪がつながった状態で、そのうち1輪が7～8分咲き、他はつぼみから3分咲きのものを選ぶのが望ましい。3輪とも満開だと、桜湯にしたときにすべての花が大きく開き、風情が薄れてしまうからである。しかし桜ご飯やパン、菓子などに利用するのなら満開の花でもかまわない。

●摘み取った花は速やかに漬け込む

サクラの花を収穫するときは、花柄（かへい＝花をつけた茎）の付け根から摘み取ること。摘み取った花を袋やカゴにギュッと詰め込むと、花の呼吸熱によって蒸れてしまい、花弁が離れやすくなるので、あまり詰め込まないように気をつける。

また花は時間が経つと散りやすくなるので、摘み取ったらできるだけ速やかに漬け込むことが大切。

●梅酢―赤梅酢ではなく白梅酢を使う

桜の花漬けには、梅漬けをつくったときに得られる梅酢を使う。サクラの花をより赤くしたいと考えて、赤ジソの葉で赤くした赤梅酢を使う人もいるが、その場合、サクラ、ウメ、シソと3種類の香りが混ざることになり、香りのバランスが悪くなる。したがって桜の花漬けにはシソの入っていない白梅酢を使うのが望ましい。

容器に入れた完熟ウメに、ウメ重量の18％の食塩を振り、軽い重石をしてしばらく漬け込むと、容器の中にウメの水分とエキス分が出てくる。これが白梅酢である。梅干しには漬け込んだウメだけを使うため、白梅酢は全量が残る。白梅酢には食塩15％、有機酸が3～5％程度含まれているので腐敗しにくく、ガラスビンに密閉しておくだけで数年は利用できる。年数が経つと多少色が濃くなったり粘性が増したりするが、利用には問題ない。

●塩―ミネラル分の多い塩は避ける

ミネラル分の多い塩を使うと、花のピンク色がくすんでしまうことがある。鮮やかな色に仕上げるには、ミネラル分の少ない並塩か精製塩を使うほうがよい。塩に塊があるときは、手でもみほぐしたり、ふるいやざるを使って細かくしてから使う。

●分量の目安

原料：八重桜の花1kg、白梅酢500mℓ、塩160g（漬け込み時）／200g（陰干し後）

漬け上がり量：桜の花漬け1.3～1.4kg、漬液260～360g

干し上がり量：0.9～1.1kg

仕上がり量：1.1～1.3kg

製造工程

●漬け込みまで

【水洗い】 農家では花を洗わずに漬け込むことが多いが、土ぼこりや小さな虫がついている可能性もあるので、気になるなら軽く水洗いする。

【水切り】 水洗後の水切りは、少量なら、乾いたタオルに包んでぐるぐる振り回すと水が切れる。大量に水切りするときは、バスケット型の遠心分離器や洗濯機の脱水槽を使うとよい。

【漬け込み】　漬け込み容器にサクラの花と塩とを交互に詰めていく。全部の花を詰め終わったら、一番上に雪が降って白くなった程度の塩を振る。塩は下に沈みやすいので、容器の上のほうほど塩の量が多くなるように計算しながら振っていくこと。最後に容器の縁から白梅酢を注ぎ込み、荷重をかけて白梅酢を浸透させる。

荷重をかけただけでは漬液は上がってこないし、桜花の間まで浸入しないので、手のひら、あるいはゲンコツで桜花の上からギューッギューッと体重をかけながら繰り返し押し込み、漬液を桜花の上まで上げる。

【重石】　漬液が花の上まで上がってきたら、押しぶたと重石をのせる。重石は、花が浮かんで漬液の上に出ないことが一番の目的。重すぎると梅酢が花に浸透できなくなるので、それほど強い荷重をかける必要はないが、漬液が桜花の上まで上がり、桜花が完全に浸っていなければならない。

【天地返し】　漬け込み1～2日後には、押しぶたを外し、層状になった花を崩しながら、花弁の間に梅酢がよくまわるように手入れ（天地返し）を行なう。天地返しが終わったら、漬け込みのときと同じように荷重をかけて梅酢が花の上までくるようにしてから、再び押しぶたと重石をのせておく。天地返しは2、3回繰り返して行なうと、塩と梅酢のまわりが完全になる。

●漬け込み・保存

【陰干し】　塩と梅酢がサクラの花にしっかりまわったら、容器から取り出し、漬液をしぼって干しざるなどの容器に桜花をほぐして並べ2～6時間ほど陰干しにする。花漬けの重量がしぼった直後の70～80％まで落ち、握ったときに漬液はにじみ出ないか湿り気が感じられる程度になったら陰干し完了。

【塩をまぶす】　陰干しを終えたら、花漬けの重量（陰干し後）の20％の食塩をまぶす。花漬けの分量が1kg程度までならプラスチック袋を利用するとよい。袋に花漬けと分量の塩を入れて、空気でふくらませた状態で口を閉じ、袋を上下に振って撹拌する。初めは花漬けに塩がつかず下にたまることがあるが、しばらくすると食塩が湿気を吸ってくっつきやすくなる。その後、袋の空気を抜いて口を輪ゴムなどで止めれば、そのまま冷蔵庫で保存できる。花漬けの量が多い場合は、1kgずつ小分けして上記の方法でまぶすか、回転式混合装置を利用する。

【保存】　桜の花漬けは、暖かい場所や明るい場所に長く置いておくと色や香りが変化する。プラスチック袋やプラスチック容器、ガラス容器などに入れて冷蔵庫など冷暗所で

〈原料と仕上がり量〉
原料：八重桜の花 1kg、白梅酢 500 mℓ、塩 160 g
漬け上がり量：桜の花漬け 1.3 ～ 1.4kg、漬液 260 ～ 360 g
干し上がり量：0.9 ～ 1.1kg（70 ～ 80%乾燥）
仕上がり量：1.1 ～ 1.3kg（20%加塩）

○製造工程

摘み取ったサクラの花　花弁が散り落ちるものは不適

↓

水洗い　土ぼこりや小さな虫を除く

↓

水切り　［遠心脱水］　サクラの花の量が少ないなら、乾いたタオルに包み、グルグル振り回す
大量ならばバスケット型の遠心分離器か家庭用洗濯機の脱水槽を活用する

↓

洗浄したサクラの花

↓

漬け込み容器
← ［塩］　塩は下に少なく上に行くほど多めに、サクラの花と交互に容器に詰めていく
全部のサクラの花を詰め終わったら、その上に残りの塩をすべて置く
サクラの花を漬けるときには、ギューッと力強く押しつけて漬け込む
← ［白梅酢］　白梅酢を加えたら、ギューッギューッと力強く押しつけ、漬液をサクラの花の上まで上げる

↓

押しぶた・重石

↓

保　存

↓

天地返し　漬け込み 2、3 日後、天地返し、層状に重なった花をほぐす
漬け込み容器に戻し入れ、梅酢が花の上までくるように漬ける
天地返しは2、3回繰り返す

↓

保　存

↓

陰干し　重量が 70 ～ 80%になるのが目安。陰干し環境の温湿度によるが、2 ～ 6 時間

↓

塩をまぶす　← ［塩］　陰干しした花の重量の 20%の食塩を均一にまぶす
陰干しした花と分量の塩をポリエチレン袋に入れる
袋に空気を吹き込んでふくらませた状態で袋の口をギュッと締め、袋を振り混ぜる

↓

製品保存　冷暗所に保存、冷蔵庫なら最良
量が少なければ小さなポリエチレン袋、プラスチック容器、ガラスビンなどが手軽。量が多いならポリエチレン袋に入れて保存
保存するときは製造した年月日、材料、つくった条件などを書く

↓

包装・出荷 利用　販売用の容器に包装。流通、販売中は低温管理。桜湯、パン、菓子などに利用

桜の花漬けの製造工程

保存すること。また容器の表面に製造年月日、材料、つくった条件などを書いておくとよい（写真3）。

●水洗時に花びらが落ちたものは使わない

関山や普賢象などの八重桜は、軽く洗った程度では花びらが落ちることはない。もしこれで花びらが落ちるようなら、開花から時間が経過しすぎたか、蒸れてしまったものであり、原料としてふさわしくないので取り除く。

●漬け込み量が多いときは、1kg漬けるごとに白梅酢を注ぐ

一つの容器に10kg以上のサクラの花を漬け込む場合は、最後に白梅酢を注いでもなかなか中まで浸透しない。漬け込み量が多いときは、1kg程度の花を容器に入れるつど、塩を振ると同時に一定量の白梅酢を注ぎ、荷重をかけてから次の花を入れていくようにする。

●少量ならプラスチック袋で漬ける方法も

漬け込む花の量が少ないときは、漬け込み容器の代わりにプラスチック袋で漬けてもよい。

プラスチック袋にサクラの花、梅酢、食塩を入れて空気を抜き、袋を閉じて手で圧力をかけ続けると、漬液が出てきて花がクタクタになってくる。すべての花弁が透明感をもち、花柄が鮮やかな緑色になってきたら漬け上がりの目安。

0・01〜0・02㎜くらいの薄い塩化ビニールやポリエチレン製の袋は桜花や塩を入れて押したり、もんだりすると小さな穴があくので、漬液が漏れてしまう。そこで押したりもんだりしても穴のあきにくい厚みのある袋、あるいは耐衝撃性のある素材を貼り合わせた袋を使用する。

写真３　桜の花漬け製品

桜の花漬けQ&A

Q 01 サクラの花を朝から夕方まで一生懸命に摘んだが、漬け込もうとしたら、花びらがパラパラに散ってしまった

A 収穫が遅かったか、花が蒸れた可能性がある

摘んだサクラの花が収穫時期を過ぎていた、もしくは、収穫容器の中で蒸れたことによって花びらが花柄から外れやすくなったと考えられる。

サクラは開花から時間が経過すると散りやすくなるため、収穫は開花直後に行なうことが大切。また収穫した花を袋に詰め込むと、花の呼吸熱がたまって温度が上昇する。この状態が続くと花が蒸れてしまうので、収穫後はできるだけ早く、1〜3時間以内に漬け込むのが望ましい。

Q02 サクラの花を容器に漬け込んだが、漬液が上がってこない

A 梅酢の分量と重石の重量を確認する

副材料の梅酢が少ないこと、漬け込み時の押し込みや重石の重量が足りないこと、などが原因として考えられる。漬液はサクラの花と塩だけでは上がってこない。まず最初に必要量の梅酢を加えておくことが大切になる。また漬け込み時には漬液がしみ出すまでギュッギュッと強く押し込むことが必要。

その後、押しぶたと重石をのせた段階で、すぐに漬液が花の上までくるようにする。

Q03 製品の色が悪く、ピンク色にならない

A 梅酢をきちんと使ったか確認する

赤みの弱い品種のサクラを使った場合は、当然、色は薄くなる。桜の花漬けは、サクラの花を赤く染めるのではなく、原料のもつ色素を発色させるので、赤みの強い関山などの品種を使うことである。また梅酢をきちんと使わなかった場合も色は薄くなる。

ピンク色の元になるアントシアン色素は、梅酢を使うことで鮮やかに赤く発色する。サクラの花と塩だけでは赤く発色しない。

Q04 漬け上がったサクラの花を陰干しをしていたところ風で飛んでしまった

A サクラの花の陰干しは、余分な水分を除くために行なう

風や天日に当てる必要はない。むしろ屋外だとこのように風で飛んでしまう恐れがあるので、屋内や農業用ビニールハウスの中など、強い風のない場所で乾燥させること。

Q05 陰干しをしたところ、サクラの花が板状にくっついてしまった

A 花同士が重ならないように離して干す

陰干しの際に花弁が重なり合っていると、花弁同士がくっついて板状になってしまうことがある。干す際は花弁が重ならないよう房ごとに離して、干し網の上に広げることが大切。また花弁が干し網にふれた状態で干すと、花弁が塩の結晶によって干し網にくっついてしまうこともある。このとき力任せに剥がすと花弁がちぎれてしまうので注意。貼り付いた花の上にプラスチックシートをのせてしばらく放置すると、花弁から放出される湿気で固まった塩

が軟らかくなり、剥がしやすくなる。

Q06 陰干し後、サクラの花に仕上げの塩をまぶしたが、花に塩がくっつかずにこぼれ落ちてしまう

A 陰干しで乾燥しすぎたのが原因

陰干しを終えた花漬けは、保存性を高めるため、仕上げに重量の20％程度の塩をまぶす。このとき花漬けが乾燥しすぎていると、塩がうまくくっつかずに、さらさらと下に落ちてしまう。陰干しは通常、2～6時間程度行なうが、陰干し後の重量が陰干し前の70～80％となったら時間にこだわらずに陰干し終了としなければならない。サクラの花をギュッと握りしめたとき湿ってはいるものの、指の間から漬液がにじみ出ない程度が最適な陰干しの目安となる。

Q07 桜の花漬けの購入者から「塩が多い」というクレームがきた

A まず仕上げに加えた塩分量を再確認する

陰干し前の花漬けの塩分量は15％程度であり、陰干しで水分を飛ばすと塩分の割合は18～20％程度に上がる。これに仕上げの塩として重量の20％の塩をまぶすと、最終的な塩分量は全体の33％前後となる。なお、まぶした塩の一部は花漬けがもっている水分で溶かされるため、5～10％強が結晶として表面に残る。これが標準的な桜の花漬けの塩分量の考え方である。

塩が多いというクレームの原因としては、①そもそも陰干し後の塩の添加量が多すぎた、②花漬けの乾燥が進み、より多くの塩の結晶が表面に析出した、③仕上げの塩をまぶす際の撹拌が不十分で塩分の多い部分ができてしまった、などが考えられる。

原因が①であれば塩分添加量を適正にする、②であれば乾燥しすぎないようにする、③なら塩をまんべんなく均一にまぶすことで対応する。

Q08 赤ジソで色をつけた赤梅酢を使ったが、桜の花漬けの香りがよくない

A 桜の花漬けには白梅酢を使うのが鉄則

花の赤みを増したいというねらいで赤梅酢を使ったものと思われるが、赤梅酢にはシソの香り成分が含まれているため、サクラの花の香り成分（クマリン）が打ち消されてしまい、結果として香りが悪くなる。桜の花漬けにはシソ成分の入った赤梅酢は使わず、白梅酢を使うようにするのが鉄則である。

Q 09 保存している間に、花の色が褐色になってきた

A 酸素吸収剤を入れた密閉容器で低温保存を

桜の花漬けのピンク色の元となるアントシアン色素は、酸素と結合（酸化）すると退色して褐色を帯びてくる。

長期にわたって保存する場合は色素の酸化を防ぐために、機密性のある容器に入れてできるだけ容器内の酸素量を減らし、低温で管理することが求められる。容器内に酸素吸収剤を入れておくと酸化防止に役立つ。また低温にすればするほど変色防止効果は高くなる。

塩漬け

カリカリ梅漬け

【カリカリ梅漬けのポイント】
- 原料ウメは小粒品種の、青くて硬い未熟なものを使う
- 収穫したらすぐに食塩とカルシウムで漬け込む
- カルシウム液は自分でつくる

特徴

●自家製カルシウム液でつくるカリカリ梅漬

和食やお弁当の付け合わせとして人気が高いカリカリ梅。特有のカリッとした食感は、ウメのペクチンがカルシウムと結合して硬い組織が保たれることによって生まれる。

ウメをカリカリにするには、①未熟なウメを原料とする、②収穫後すぐに漬け込み処理をする、③塩と一緒にカルシウムをウメの果肉にしみ込ませる、という三つの条件を満たすことが必要となる。

カルシウム液は卵の殻などを梅酢で溶かしてつくるとよい。

写真１　カリカリ梅漬け

原料

●ウメ……小粒品種の未熟なものを使う

カリカリ梅漬けには小粒のウメを使う。代表的な品種の甲州最小は1粒が5g程度の重さでやや扁平球形をしている。そのほか、甲州深紅、竜峡小梅なども使われる。

カリカリ梅漬けには、収穫したばかりの青くて硬い未熟なウメを使うことが必要。ウメは熟度が進むとペクチンが分解し、漬け込んでもカリカリにならないからだ。見た目は青くても、収穫から時間が経過するとペクチンの分解は進んでしまう。

ウメの熟度は実を割ったときの種の色で見分けることができる。種の表面が白い状態をしていれば未熟なウメ。種の表面が茶色くなっていたら熟度が進んでおり、カリカリ梅漬けの適期は過ぎている。

写真２　シジミと梅酢

写真３　卵殻と梅酢

●カルシウム液―卵の殻や貝殻を梅酢で溶かす

カルシウムは食品添加物として販売されているものを用いてもよいが、一般家庭や農家では入手がむずかしい場合もあるので、ここでは卵の殻や貝殻（シジミ、アサリなど）を梅酢で溶かしたカルシウム液を使うこととする（写真2、3）。殻を溶かす梅酢は、風味を考えると同じ品種のウメを漬け込んだときにできた梅酢を使うのが最もよいが、ない場合は他の品種の梅酢でもかまわない。

なお、カルシウムを添加する方法には、きれいに洗った卵の殻や貝殻をガーゼに包んで漬け込む際に入れるだけの方法もあるが、カルシウムが溶け出すのに時間がかかり、カルシウムの効きが甘くなる。

●塩―並塩でよい

ウメをカリカリにするために、にがり成分（マグネシウム）の多い塩を使う場合がある。しかしここではカルシウム液を自分でつくるので、塩は普通の食塩（並塩）でかまわない。

●分量の目安

原料：小ウメ2.8kg、食塩５００g（小ウメの18％）、カルシウム液５００mℓ（梅酢５００mℓ、卵の殻または貝殻50g）

仕上がり量：小梅漬け2.4kg、漬液１・３５kg

〈原料と仕上がり量〉
原料：小ウメ 2.8kg、食塩 500 g（小ウメの 18%）、カルシウム液（梅酢 500 mℓ、卵または貝の殻 50 g）
仕上がり量：小梅漬け 2.4kg、漬液 1.35kg

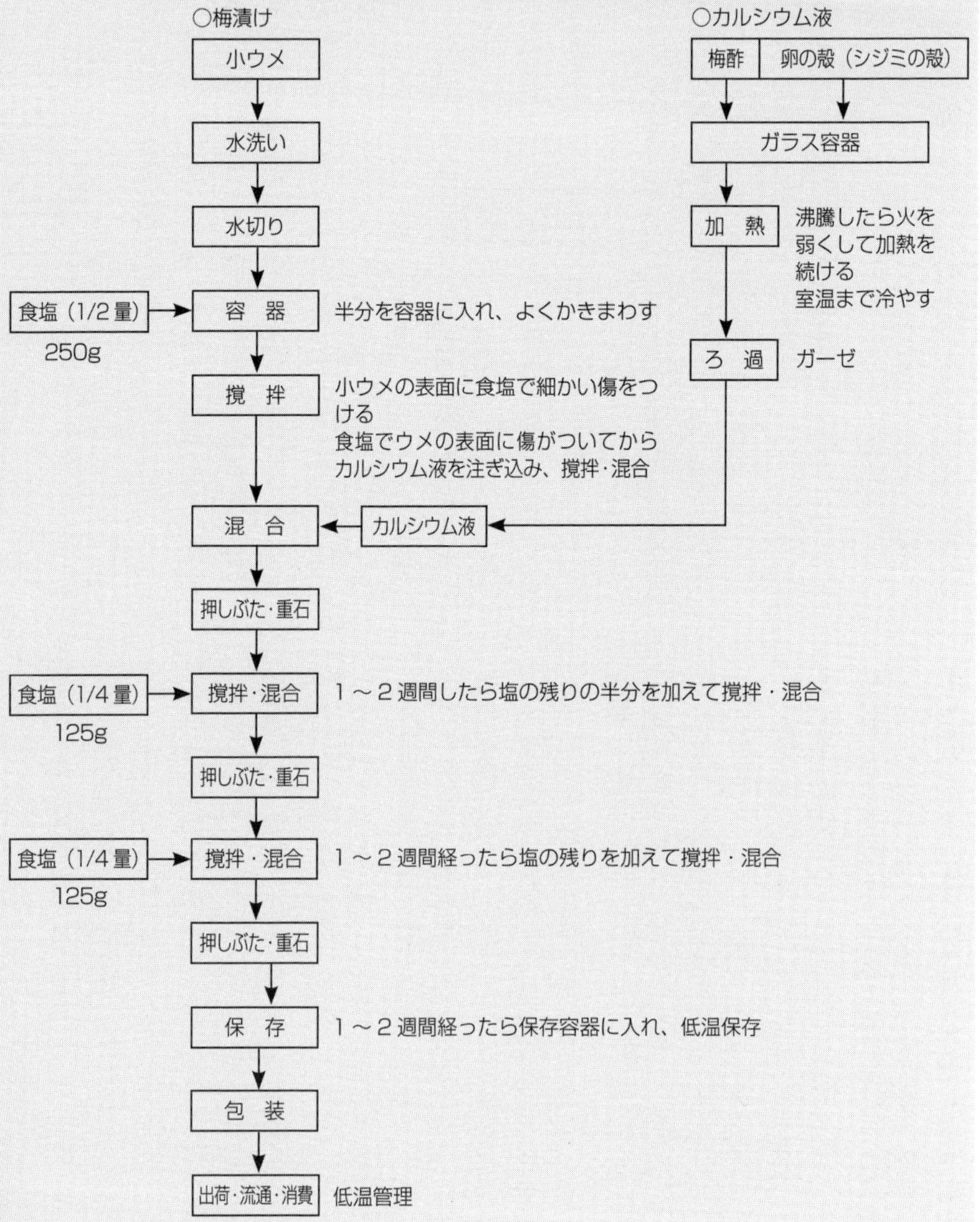

カリカリ梅漬けの製造工程

製造工程

【カルシウム液の調整】　1ℓのガラス容器に、きれいに洗った卵の殻（または貝殻）と、その10倍量の梅酢を入れる。容器を加熱し、泡立ってきたら弱火にして10分程度加熱を続ける。吹きこぼれないように注意すること。

　加熱を終えたらそのまま冷却し、完全に冷えたらさらし布でろ過する。

【漬け込み】　ウメを洗い、水気を切る。漬け込み容器にウメを入れ、用意した食塩の半分を入れてよくかきまわす。全体をよくかきまわすことにより、食塩とこすれ合ってウメの表面に細かな傷がつき、塩分やカルシウムの浸透がよくなる。

【重石は軽めに】　食塩を入れてよくかきまわしたら、カルシウム液を注いで再び全体を攪拌し、押しぶたをして重石をのせる。重石はウメが漬液から浮いてこないように押さえる役目を果たせばよく、それほど重くする必要はない。

【1～2週間ごとに食塩を追加】　漬け込んで1～2週間経ったら、残りの食塩の半分を加えてよく攪拌・混合し、再び押しぶたと重石をのせておく。

　さらに1～2週間経ったら、残りの食塩を加えて同様に攪拌・混合を行なう。最後に食塩を加えてから1～2週間（漬け込んでから3～4週間）で漬け上がる。

【保存】　漬け上がったカリカリ梅漬けは、漬物容器に入れたままでもよいが、取り出して小さな容器に分けたほうが使いやすい。小分けして冷蔵庫で低温保存しておけば、カリカリ感や色の鮮やかさを長持ちさせることができる。

　漬汁（梅酢）は次回の漬け込みでカルシウム液をつくるために使うので、ビンに入れて冷暗所で保存する。

●食塩は3回に分けて入れる

　食塩は、最初の漬け込み時に半分を入れ、1～2週間ごとに1／4量を2回に分けて入れる。一度に全部入れると、ウメの水分が急速に抜けてしわになるのを防ぐためである。

カリカリ梅漬けQ&A

Q 01　ウメを漬けたら、梅酢の表面にカビが生えた

A　梅酢の表面が空気とふれないような工夫を

　梅酢の表面には、まず産膜酵母が生育し、その後、その上に糸状菌（カビ）が発生する。産膜酵母、糸状菌ともに好気性微生物であり、酸素が供給されなければ生育できない。したがってプラスチックシートや、水を入れたポリエチレン袋などで梅酢の表面をきっちりと覆って空気とふれないようにすれば、これらの生育を防ぐことができる。なお、水を入れたポリエチレン袋は、重石の代用にもなる。

Q 02 ウメがつぶれて、ぺしゃんこになった

A 重石は軽くてよい
ポリエチレン袋を使った水重石がおすすめ

重石が重すぎたことが原因と考えられる。カリカリ梅漬けは、ウメをそのままの状態で仕上げるので、重石を重くする必要はない。漬け込み後、梅酢が上がってきたら、表面のウメが梅酢に浸る程度の重石とする。

おすすめは、水を入れたポリエチレン袋を重石として使う方法（水重石）である。これは梅酢が上がるまではウメに荷重がかかるが、梅酢が上がってくると袋ごと浮き上がるため、ウメに過大な荷重がかからず、ウメがつぶれることがない。しかもそのまま空気を遮断するふたとして機能する。

Q 03 青ウメを使ったはずなのに、漬け込んだウメがだんだん軟らかくなってきた

A 青くても熟成が進んでいる場合がある

青いウメであっても、熟度が進んでいたり、収穫してから時間が経ったものは、ペクチンの分解が始まっているためカリカリにならない。割ってみて種が茶色くなっていればすでに熟度が進んだウメといえる。カリカリ梅漬けに適したウメは種の表面が白いものである。

また、ウメをカリカリにするためにはカルシウムが必要。漬け込み時にカルシウム剤を添加するのを忘れたときは、いくら若い青梅を使っていても、時間の経過とともに軟らかくなる。

Q 04 八百屋で購入した青ウメを水に一昼夜浸けて十分にあく抜きしてから、塩とカルシウム液で漬け込んだがカリカリにならなかった

A 購入したらすぐに漬け込むことが大切

青ウメは収穫後、可能な限り速やかに塩漬けしないと熟度が進み、ペクチンが分解されてしまう。また青ウメを水に浸けてもあくは抜けない。購入したら速やかに塩とカルシウムで漬け込むことが大切である。

また店頭に置かれている間にも熟度は進むので、購入する場合は、収穫日と保存状態を確認し、できるだけ新しいもの、低温管理されているものを使用するようにする。

Q 05 青ウメを袋に入れ、3、4日おいて塩とカルシウム液で漬け込んだがカリカリした食感にならなかった

A 袋に入れておくと追熟が進行しやすい

収穫してから時間が経ったことにより熟度が進んだためと考えられる。とくに青ウメを袋に入れたままにしておくと、呼吸熱が溜まって温度が上昇し、追熟が促進される。また、傷のついたウメがあると、エチレンを発生するため、さらに追熟が早く進行してしまう。

収穫したウメをすぐに漬け込めないときは、袋に入れず、平らに並べておいたほうがよい。

Q 06 青ウメをカリカリに漬けるにはカルシウムが必要と聞いたので、卵の殻を一緒に漬け込んだが、カリカリにはならなかった

A 卵の殻を使うなら事前に梅酢で溶かしておく

卵の殻もカルシウムを多く含んでいるが、卵の殻のカルシウムがウメの酸で溶け出すまでには時間がかかる。カリカリの梅漬けをつくるには、漬け込んだ直後からカルシウムがウメの中に浸透していくことが必要。どうしても卵の殻を使いたい場合は、事前に梅酢で卵の殻を煮溶かしたカルシウム液をつくっておき、漬け込む際に利用するとよい。

Q 07 カリカリ梅漬けを加熱殺菌したら軟らかくなった

A 70℃以上に加熱してはいけない

ウメは80℃以上に加熱すると組織が軟化してしまう。カリカリ感を損なわないためには、加熱殺菌の温度を70℃以下にとどめ、加熱する時間もなるべく短くすませることが必要。

Q 08 包装したカリカリ梅漬けの色が黄色くなってきた

A 葉緑素の分解によるもの。保存は冷暗所が鉄則

ウメに含まれる葉緑素とその分解物は、時間が経過するにつれて分解が進み、やがてウメの色を黄色から淡桃色へと変えてしまう。分解は温度が高いほど、また光が当たるほど早く進むので、保存する場合は冷暗所に置き、葉緑素の分解を抑制することが大切である。

Q 09 ビンに梅酢を保存しておいたら、スチール製のビンのふたがぼろぼろにさびた

A 梅酢は酸と塩を多く含んでいるので、ガラスビンのふたにスチールやアルミニウムを使用しない

醤油漬け

福神漬け

【福神漬けのポイント】
- 市場出荷できない野菜の有効利用
- 食塩を利用した保存漬けで季節を問わずに加工
- 地域特産野菜を加えることで特産漬物とする

特徴

●出荷規格外と過剰収穫野菜を利用

　野菜を栽培すると曲がったキュウリ、傷のついたナス、先の割れたニンジンやダイコンなど市場出荷できない品質のものが一定割合で出てくる。これらを有効活用することが農家経営に必要だといわれる。その有効活用の一方法として野菜の醤油漬けがすすめられる。

写真１　福神漬け

　醤油漬けは野菜に醤油の風味をしみ込ませた漬物だが、生の野菜を醤油に直に漬けるのではなく、大部分は野菜を塩漬けした後に脱塩、脱水して醤油を主とする調味料を浸透させた漬物である。

　福神漬けは醤油漬けの代表で、日本農林規格では福神漬けは農産物醤油漬け類のうち、ダイコン、ナス、ウリ、キュウリ、ショウガ、ナタマメ、レンコン、シソ、タケノコ、シイタケもしくはトウガラシを細刻したもの、またはシソの実もしくはゴマのうち5種類以上の原料を主原料とし漬けたものをいうと定義されている。

●塩漬けと乾燥による保存

　塩漬けによる保存、とくに夏野菜のキュウリやナスがたくさん穫れたときは塩漬けで保存する。このときは食塩濃度が20%くらいになるようにし、そして十分な重石をかけて漬け込むと2、3年は問題なく保存できる。

　また、切干しダイコンのように冬季の乾燥した気候が利用できるときは乾燥も利用する。乾燥した野菜も温度が高いと褐変や異臭が発生するので、保存はできるだけ乾燥した低温に置き、変質を防ぐ。

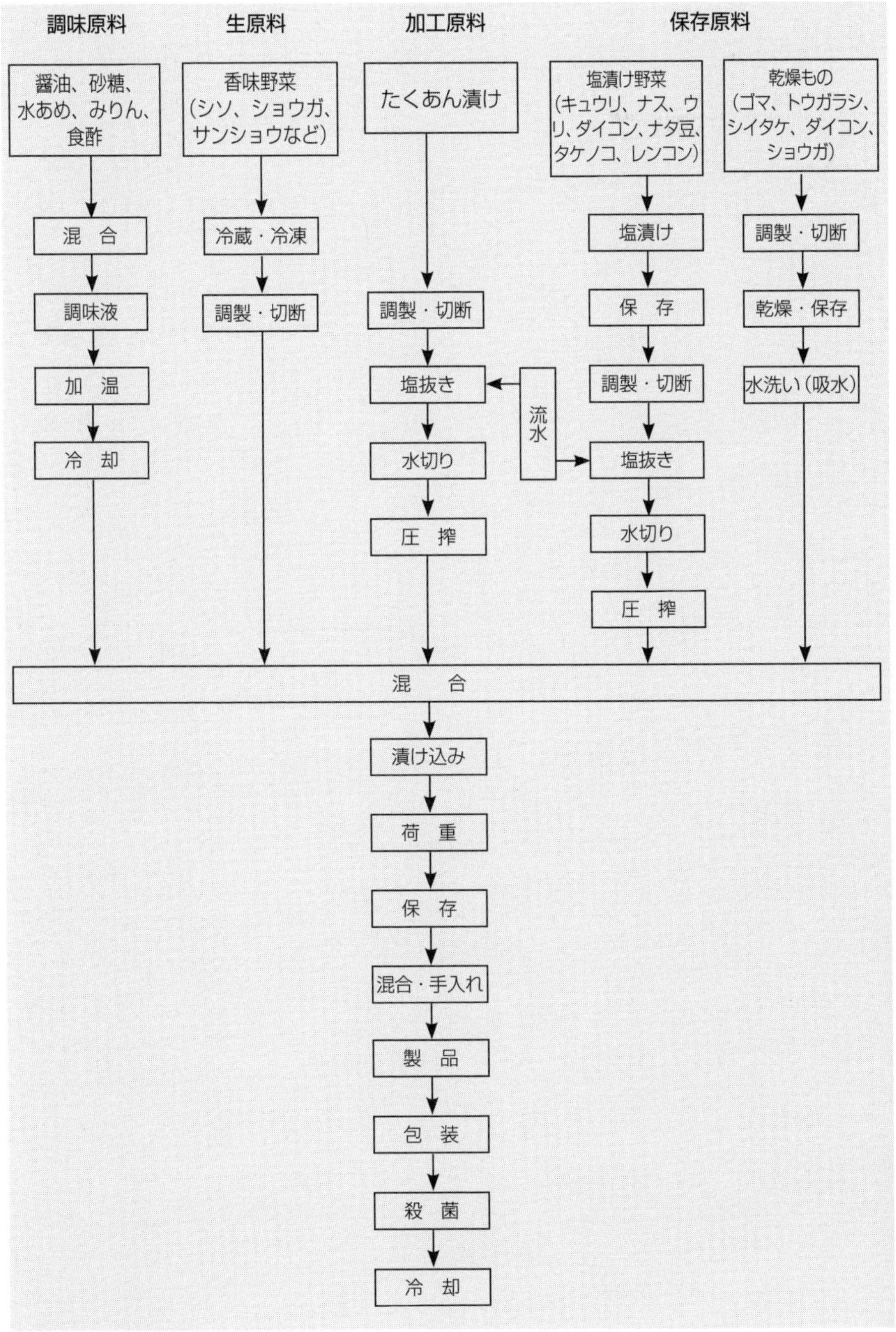
調味原料
生原料
加工原料
保存原料
醤油、砂糖、水あめ、みりん、食酢
香味野菜（シソ、ショウガ、サンショウなど）
たくあん漬け
塩漬け野菜（キュウリ、ナス、ウリ、ダイコン、ナタ豆、タケノコ、レンコン）
乾燥もの（ゴマ、トウガラシ、シイタケ、ダイコン、ショウガ）
混　合
調味液
加　温
冷　却
冷蔵・冷凍
調製・切断
調製・切断
塩抜き
水切り
圧　搾
流水
塩漬け
保　存
調製・切断
塩抜き
水切り
圧　搾
調製・切断
乾燥・保存
水洗い（吸水）
混　　合
漬け込み
荷　重
保　存
混合・手入れ
製　品
包　装
殺　菌
冷　却

福神漬けの製造工程

製造工程

●福神漬けの材料

野菜類はダイコン（塩漬け・たくあん・割干し・切干し）、カブ、ナス、ウリ類、ナタマメ、レンコン、タケノコ、インゲンなど。乾燥して貯えるもの以外は塩漬けにする。野菜の取り合わせは自由だが、ふつうはダイコンが70～80％を占め、残りを他の野菜とする。

香味野菜はショウガ、シソ（葉または実）、ゴマ、シイタケ、ユズ、ミカンの皮、ウド、ミョウガ、サンショウ、トウガラシなど。福神漬けは主原料が塩漬けで、しかも塩抜きによってほとんど元の味はなくなるので、福神漬けの漬け込みのときは香りのある材料を取り合わせる。香味野菜としてショウガ、シソは入れたほうがよく、他は好みにより加える。

●調味料（原料4kg当たり）

醤油2ℓ、砂糖600g、水あめ200g、みりん200g、食酢

●材料のきざみ方

ダイコン、カブ：縦に4～8割りにし、1.5㎜厚のイチョウ切りにする

ナス：ヘタを除き、縦に2～4割りにし、3～5㎜厚に切る

キュウリ：3～5㎜厚に切る

ナタマメ：筋を除き、1.5㎜厚に切る

レンコン：細いものはそのまま、太いものは二つ割りとし、1.5㎜厚に切る

ショウガ：せん切りか細かくきざむ

割り干しダイコン：一度蒸し、1.5㎜厚に切る

●塩抜き

きざんだ材料は流水で1～2日さらし、塩分と漬物臭を除く。漬物臭が残ると風味を害する。

●しぼり

塩分と臭気の抜けたものは元の重量の1／5を目標にしぼる。丈夫な袋に入れ、圧搾機にかける。漬物用圧搾機がないときは、てこ、または重石などを使う。タケノコ、レンコンなどもろいものは水切りだけにする。

●漬け込み

しぼった材料はよくもみほぐし、これにタケノコ、レンコン、香味材料を加えて混ぜ合わせて容器に入れ、調味液を注ぎ、よく混ぜる。落としぶたをし、最初の1～2日はよく混ぜ、調味液を十分に吸わせる。3～4日で調味液が浸透する。

●保存

ビンに詰め、煮たてた液を加え、80℃で脱気加熱し、

倒立する。プラスチック袋詰めの時は脱気あるいは真空包装し、80℃で30分加熱する。

福神漬けQ&A

Q 01 福神漬けの漬け込み材料に なかなか味がしみ込まない

A 塩漬け材料を塩抜きした後のしぼりが不十分で水分が多いため、漬け込み材料に味がしみ込まない

漬物の材料となる野菜類は水分が多く、90%くらいは水分である。塩漬けにした材料を塩抜きすると野菜のもっている可溶性の成分、とくに糖分は流れ出てしまい、水分は95%くらいになる。

材料に調味液を含ませるにはこの水分をよくしぼって野菜をスポンジ状にすることが必要で、水分を完全に除去することはできないが、塩抜き材料の重量の20%くらいまでしぼることは可能で、この状態までしぼれば、調味液は速やかに材料の中に浸透し、大きく薄まることもない。しかし、しぼりが不十分であると材料の中に水分がたくさん残り、しぼったスポンジに調味液を浸けるようなわけにはいかず、ゆっくりと残存する水に溶けながら侵入するので、漬け込み材料になかなか味がしみ込まなくなる。

しぼりが不十分なまま調味液に浸けてしまい味がしみ込まないときは、調味液を取り分け、加熱濃縮し、再度漬け込むが、品質管理からは好ましいことではない。しぼりを十分に行ない、速やかに調味液を浸透させるほうが品質管理も楽で、経費、労力がかからない。

Q 02 袋詰めして販売したが、袋がふくれたため返品になってしまった

A ガスを発生する微生物の増殖により、袋がふくれたので、殺菌不良といえる

漬物には多様な微生物が存在し、最終製品、とくに袋詰めやビン詰めとしたときは殺菌することと残存する微生物が増殖できないような状況にすることが必要である。

多くの場合は漬物のpHを4以下にするとともに80℃30分の加熱処理や酸素を除くことで微生物の増殖を防止している。pHの調整は漬け込み液の配合で酸を多くすることで対応する。

80℃30分の殺菌は、袋詰めした場合は殺菌槽の温度管理も必要だが、それ以上に包装した漬物の中心温度を80℃に保持することが必要で、袋同士がくっついて塊状になり、袋内の漬物の温度が80℃に達していないことがある。殺菌槽に入れた袋詰め漬物のすべての中心温度が80℃に保持できるような処置が必要である。

また、袋内の酸素の残存は好気性微生物の繁殖の条件と

なるとともに空気泡の存在は袋内の速やかな熱伝導を妨げるので、袋内の温度を80℃に上昇させる障害となる。袋詰めで真空包装すると大きな空気泡は少ないが、ビン詰めにしたときには注意する必要がある。

Q 03 福神漬けにパリパリ感がなく、歯触りがクシャクシャしている

A 材料に使用した塩漬けが軟らかくなっていたので歯触りが軟らかいことがある

材料の塩漬けの状態が悪かったため、軟化していた。塩の量が少ないと乳酸発酵が進み、生成された乳酸により、漬け材料は軟化するので、長期保存の塩漬けは塩分が20％以上になるように漬け込む。

歯切れのよい原料を使用したのに軟化することがある。漬物を容器に詰めた後に加熱殺菌をするが、このときの温度が高いため漬物が煮えて、軟化するためである。

多くの野菜類は80℃以上の加熱によって組織が軟化する。漬物にした場合でも野菜の性質は失っておらず、80℃以上に加熱すると組織が軟化する。殺菌温度は80℃以上にしてはならない。

Q 04 福神漬けの材料としていろいろな野菜を漬け込んでいたがキュウリだけが多くなり、塩漬けの在庫が増えてしまった

A キュウリの調味漬けをつくる

キュウリを長いまま、あるいは切って水で塩抜きし、よくしぼり、調味液に浸けて、キュウリの1本、あるいはきざみの醤油漬けをつくる。このキュウリも元の味がなくなっているので、香味材料を少々加える。他の塩漬け材料も単品が多く残ったときには同様にする。

切干しダイコンのような乾燥した野菜のときは元の材料の味が濃縮されているので、保存による異味異臭の除去と元の味を残しながら調味液を加えた漬物とする。

Q 05 たくあんを夏越しさせるため塩をたくさん使って漬け込んだが大量に売れ残りそうだ

A 福神漬けの材料としての利用を検討する

福神漬けの材料に一番多く使われるのはダイコンであり、この保存方法として塩漬けや切干しが用いられている。

たくあんはダイコンの保存方法であるがぬかやその他の副材料を使っているので良好な風味が付与されている。従

来の方法ならばきざんで水にさらして、漬物臭を完全に除去して、福神漬けの材料に用いている。今回限りのたくあんの利用なら従来方法に準じて利用するが、このたくあんが毎年材料として利用できるならたくあんの風味を残した福神漬けの製造も検討する。

Q 06 地域の特産野菜の漬物をつくりたい

A 地域の特産野菜の特性・個性を知る
特産・個性を生かした漬物とする

地域の特産野菜がどのような特性をもっているか、漬物としての特性をもっているかを検討しなければならないが、漬物には多種多様なものがあるので、現在の食生活・食卓でどのような漬物が望まれ食べられるのかも検討する。

原料野菜全体の個性を生かすならば、浅漬けや短期のぬか漬けのようなものがよいと思われるし、原料野菜の一部の特性、とくに歯触り、食感を生かし、風味は副材料の特性によるなら、酢漬けや醤油漬けなどがよいと思える。

また、醤油漬けと分類される漬物にも、福神漬け、泡漬け、溜り漬けなどがある。地域の食文化、食の伝統から考えられたものであろう。

いずれにしてもこのような製品・商品を考えるとき、独りよがりや仲間受けのようなものでなく、ハッキリと食卓の風景を描くことが必要だ。

Q 07 福神漬けを売り込みたい

A カレーライス、丼物などの添え漬物に

福神漬けはカレーライスや丼物とともに食卓に供せられるので、全国各地のご当地カレーや丼物の添え漬物とし、連携して販売推進する。

福神漬けにかぎらずラッキョウ漬けにしても、ご当地カレーや丼物のイベントをみても添え漬物がきちんと位置づけられているものはほとんどなく、それらカレーや丼物にふさわしい品質の漬物としてつくられているものもない。

醤油漬け

ウリのいんろう漬け

【いんろう漬けのポイント】
・切り口はモザイク模様の芸術品
・浅漬けと保存漬けでむだを出さない
・シーズン加工と周年加工で作業分散

特徴

シロウリの芯を抜き、詰め物をした漬物には、いんろう漬け、鉄砲漬けといったものがある。いんろう漬けは詰め物をして漬け込んだシロウリの切り口が印籠のように見えることに由来する。鉄砲漬けは芯を抜いたシロウリを鉄砲の筒に、中に詰めたトウガラシを弾丸に見立てたもの。

写真1　ウリのいんろう漬け

適期収穫した大きさの揃ったシロウリに詰め物をした浅漬けとし、収穫時期だけ加工する（図1）。大量に収穫されたときは保存漬けし、脱塩後、調味漬けとし、周年加工する（図2）。

詰めものにする材料には彩りがよくなる材料とともに香りがよく新鮮で周年入手できるものを使用する。

浅漬けの製造工程

●ウリの調整

シロウリは完熟前の皮があまり硬くなっていない300g程度のものを使う。サッと水洗いし、ざるに上げて水気を切る。シロウリの両端を包丁で切り、竹棒と竹べら、長柄のサジなどを使ってウリの中ワタと種を取り、水洗いし水気を切る。円筒になったウリの内外に塩をこすりつけ、しばらくおき、サッと水洗いして詰め物を入れ、漬け込む。

●詰め物の調整

穂ジソ、シソの葉、芽ショウガ、青トウガラシを基本的な香辛野菜とし、ミョウガ、ニンジン、キャベツ、インゲンなど、彩りとボリュームを勘案して材料とする。詰め物

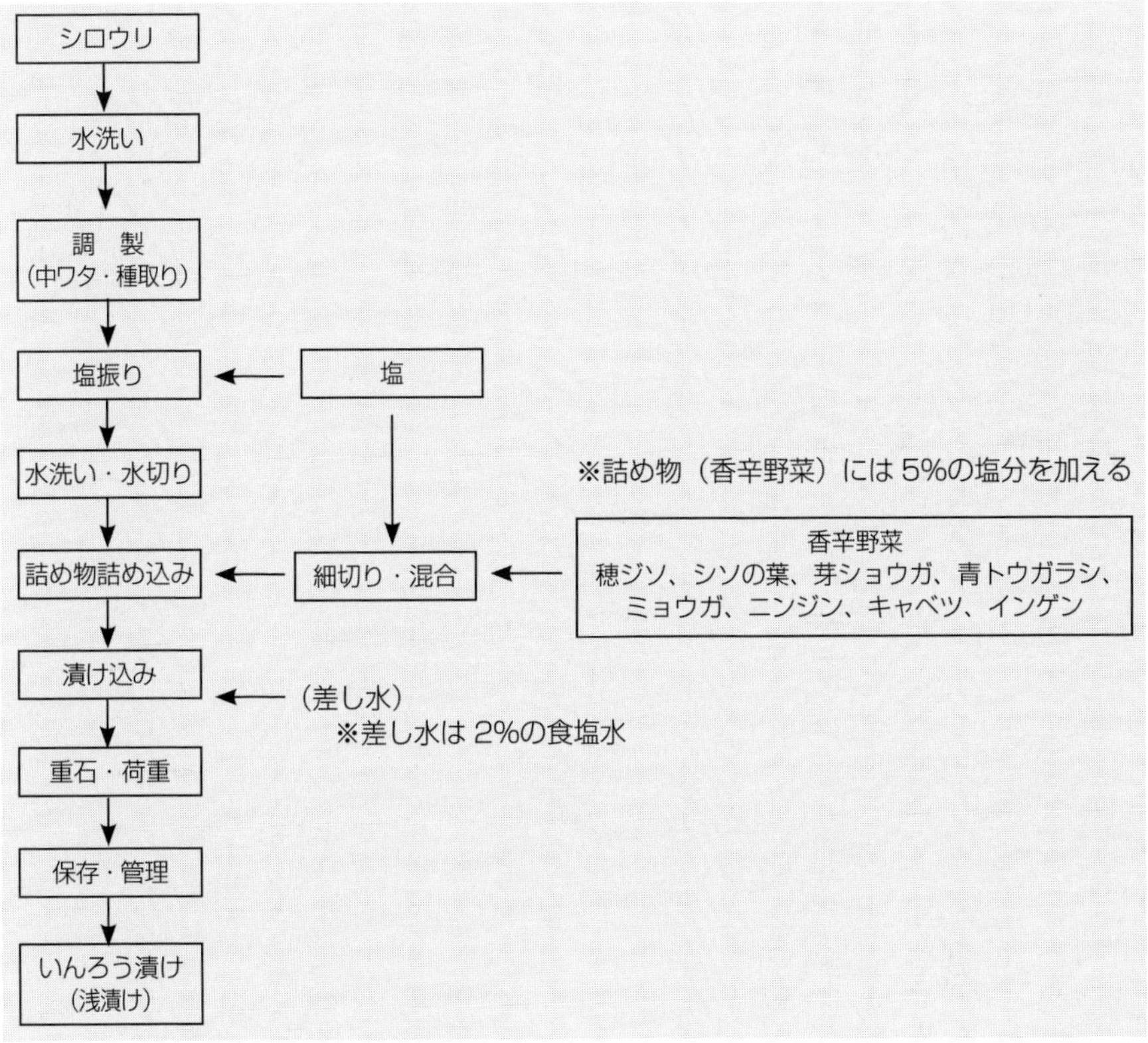

図1　いんろう漬け（浅漬け）の製造工程

はみじん、あるいは荒みじんに切り、5％の食塩を加えて軽くもむ。すべての詰め物材料をみじん切りする必要はない。漬物の特徴を出すため辛味の少ないトウガラシをシソの葉でくるんで入れることもよい。

シロウリ1本当たり、100gくらいの詰め物を調整する。

●漬け込み

詰め物はギューッと強くしぼってから、シロウリの中一杯に固く詰め込む。容器にきっちりと並べ入れる。重石を強くかけ、1日で漬け水を上げる。漬け水が上がらないときは2％の塩水を調整し、差し水する。3～5日で味が浸透し、食べることができる。

保存環境によって味の浸透と微生物の増殖が変わるので、温度変化の少ないところに保存すると管理しやすい。

〔保存漬けの製造工程〕

●シロウリの保存漬けの下漬け

シロウリの10％の塩を準備し、そのうちの

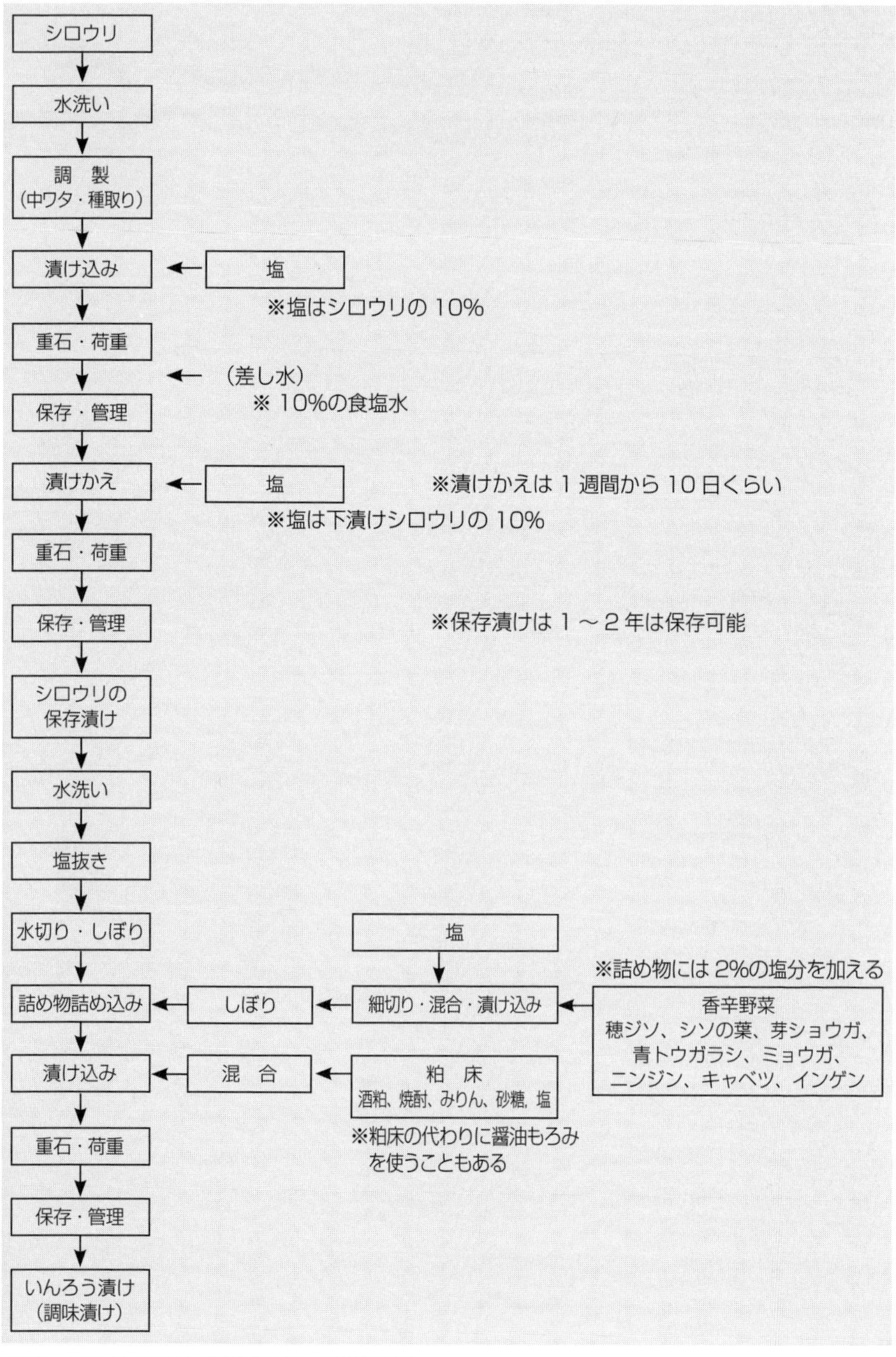
シロウリ
水洗い
調　製
（中ワタ・種取り）
漬け込み
塩
※塩はシロウリの10%
重石・荷重
（差し水）
※ 10%の食塩水
保存・管理
漬けかえ
塩
※漬けかえは1週間から10日くらい
※塩は下漬けシロウリの10%
重石・荷重
保存・管理
※保存漬けは1～2年は保存可能
シロウリの
保存漬け
水洗い
塩抜き
水切り・しぼり
塩
※詰め物には2%の塩分を加える
詰め物詰め込み
しぼり
細切り・混合・漬け込み
香辛野菜
穂ジソ、シソの葉、芽ショウガ、
青トウガラシ、ミョウガ、
ニンジン、キャベツ、インゲン
漬け込み
混　合
粕　床
酒粕、焼酎、みりん、砂糖、塩
※粕床の代わりに醤油もろみ
を使うこともある
重石・荷重
保存・管理
いんろう漬け
（調味漬け）

図2　いんろう漬け（調味漬け）の製造工程

7～8%分を漬け込み用、残りの2～3%分を漬け物容器に漬け込んだシロウリの上にのせるふた塩用とする。

調製したシロウリに塩をすり込み、漬物容器に並べ入れる。一段並べたら塩を振る。これを繰り返し、全量を容器に入れ、最後にふた塩を最上段のシロウリの上に均等にのせる。塩の上にプラスチックシートを敷いて押しぶたをのせ、均等に荷重がかかるよう重石をのせる。1日後、漬液がシロウリの上まで上がってこなければ10%の塩水をシロウリの重量の10%くらい調整し、容器の縁から注ぎ込む。

●保存漬けの漬けかえ

下漬けしたシロウリは1週間から10日くらいで漬けかえる。下漬けしたシロウリを取り出し、ざるに置いて水気をサッと切り、下漬けしたウリの重量に対し10%の塩で漬け込む。

漬けかえのときも塩も7～8%分は漬け込み用とし、2～3%分はふた塩用とする。下漬けしたシロウリは体積が小さくなっているので漬物容器3樽分の下漬けシロウリを2樽に漬けたり、2樽分のウリを1樽に漬ける。漬物容器に下漬けウリを一段並べたら塩を振る。これを繰り返し、全量を漬物容器に入れ、最後にふた塩をのせる。塩の上にプラスチックシートを敷いて押しぶたをのせ、均等に重石をかける。

このまま長期保存するときはごみや土ぼこり、虫などが入らないようにプラスチックシートですき間が出ないようにピッチリと覆う。

●シロウリの塩抜き

下漬けしたシロウリを使うこともできるが、下漬けだけで製品としたものと漬けかえをした製品ではウリの色調や歯触りが異なる。漬けかえをして一定時間経過したものを使うことで周年同じような品質の塩漬けシロウリを原料とし、製品の品質を同じようにできる。

塩漬けウリの9倍量の水に浸ければ、塩分濃度は1/10の2%程度になる。塩分を3%程度にしたいなら5.6倍の水に浸ける。このとき、塩漬けシロウリを漬け込んでいる水を動かさないとウリの塩はなかなか抜けないが、ゆっくりでも撹拌するなら比較的速やかかつ均一に塩が抜ける。

塩漬けのウリを水の中を泳ぐように入れるとシロウリの中に水分が入り、ブクブクにふくれるので、脱塩中も重石をかけるとウリの中に水が入るのが抑制されるのでブクブクにふくらむのは抑制される。

●詰め物の調整

詰め物は浅漬けと同様な材料を揃える。塩分は2%とする。2、3日前に調整し、漬け込み、漬液を上げ、詰め物として利用するときは強くしぼる。

●調味床の調整

酒粕40kg、焼酎（アルコール分30%）1kg、みりん1kg、砂糖7kg、塩1kgで50kgの酒粕主体の調味床を調整する。塩分は2%となる。

●調味漬け

詰め物をしたシロウリ重量の1/2量の調味床を使って容器に漬け込む。容器に詰め物をしたシロウリに調味床を塗りつけながらキッチリと詰め込み、一番上は調味床を厚めにする。表面にはプラスチックシートをピタッとのせ、空気にふれないようにしてから押しぶたと軽い重石をのせる。容器の上面からゴミや土ぼこり、虫などが入らないようにプラスチックシートですき間が出ないようにピッチリと覆う。

2~3週間くらいから食べ始められるが、1~2カ月で味が浸透し、なじむので3か月から1年くらいの間は特徴が発揮できる漬物となる。

いんろう漬けQ&A

Q 01 浅漬けのいんろう漬けの味が一定しない

A シロウリの大きさが不揃いだと塩分の浸透量が異なるので味にバラツキが出る

シロウリの大きさを揃え、シロウリと詰め物の割合を一定にする。

Q 02 ウリを塩漬けするときどのように並べたらよいのか

A 浅漬けや保存漬けの下漬けのときはウリが硬く、コロンとしているので、なるべくすき間が出ないよう一方向に並べて漬け込む

保存漬けの漬けかえのときはシロウリは軟らかくなっているので、下漬けと同じように一方向に揃えて容器に漬け込んでもよいし、一段ごとに方向を変えて漬け込んでもよい。効率よく漬物容器に納めることと取り出すときにも効率よく作業できるような漬け込み方にする。

Q 03 保存漬けの容器(樽)はどこに置いたらいいのか

A 保存漬けは塩分が20%程度あるので、微生物が増殖するには厳しい条件になっている

保存漬けの漬液は乳酸発酵によって生成された乳酸によってpHも下がっているので、濃い塩分とあわせると雑多な微生物にとって生存しにくい環境となっている。直射日光が当たらず、雨が吹き込まないようなところが漬物専用の置き場であれば申し分ない。

専用の置き場がないときは保存漬けの保存性を保つため、雨水などの浸入で漬液に含まれる乳酸や塩分が薄まらないようにしたり、漬液の水分が蒸発して材料が露出しな

いようにすればよい。

Q 04 保存漬けの塩が均一に抜けない、ムラがある

A 保存漬けを水に入れて脱塩するとき水が動かなかったり一部の水が滞留すると塩の抜け方にムラが出る

水を入れた容器の中に保存漬けを入れ、時々撹拌する。また、流水で塩抜きをするとき、ホースの先を塩抜きする容器の底に固定し、水が容器の底から上部のほうへ流れるようにする。塩抜き容器の上部から水を流し入れても水は表面を流れるので表面に近い部分の保存漬けは塩がどんどん抜けていくが、濃い塩分の水は底に滞留したままなので容器下部の保存漬けは塩がほとんど抜けない。

Q 05 保存漬けを水で塩抜きすると漬物が水を吸ってぶくぶくになった

A 塩抜きするため保存漬けを水槽に入れ、水の中を泳がすようにしてさらすと塩分がよく抜けるが、同時に材料の中に水が入り、材料が水ぶくれになる

保存漬けの水さらしのとき、重石をかけると材料の中に水が入るのが抑制される。塩が抜けるのに時間が必要となるが、ほどよい程度の吸水で塩抜きができる。

Q 06 香りにさわやかさがほしい

A 漬物の材料や調味液の材料にさわやかな香り成分をもった材料を加える

さわやかな香りをもった香味野菜類には青ジソ、ミョウガ、ショウガ、サンショウの葉など、カンキツ類にはユズ、青ミカン、サンショウの実などがある。

Q 07 シロウリがない

A 太いキュウリを使うこともできる。キュウリはシロウリに比べて果肉が軟らかいので注意する

Q 08 調味漬けは粕漬けにしたくない

A 醤油もろみを使う方法もある

醤油もろみは塩分が15％くらいあるので、塩辛くならないよう、他の副材料の配合やシロウリとの漬け込み割合を考慮する。

醤油漬け

青梅の醤油漬け

【青梅の醤油漬けのポイント】
・新鮮で傷のない青ウメを使うのがポイント
・コリコリした歯触りと、さっぱりした味・香りが魅力
・漬液は梅醤油としてドレッシングやつけ汁に活用

特徴

●ウメだけでなく漬汁も有効活用

青梅の醤油漬け（写真１）は、そのままかじればコリコリとした歯ざわりとさっぱりした味・香りを楽しめる。またきざんでサラダのトッピングにしたり、ご飯に和えて使ってもよい。

さらに漬け込んだ際にできる漬汁も、梅醤油として利用できる。キュウリの薄切りや生ワカメ、冷や奴などにかけたり、そうめんのつゆ、湯豆腐のつけ汁として使うなど、さまざまな使い道がある。

写真１　青梅の醤油漬け

写真２　青梅と醤油

原料

●青ウメ―新鮮で傷のない青ウメを選ぶ

原料の青ウメは、必ず新鮮で傷のないものを選ぶことが大切（写真２）。ウメに傷があると仕上がりが美しいものにならない。また成熟が進んで黄色くなったウメ（黄ウメ）は、果実が軟らかいため、漬け込むとグシャグシャになってしまう。

なお梅醤油をつくることが目的なら、傷のある青ウメ、黄ウメも使える。ただし黄ウメでつくった梅醤油は酸味や

香りが青ウメとは異なり、出来上がりも若干濁ったものとなる。

●醤油—青ウメの分量＋1～2割の醤油を用意する

青ウメを漬け込むには、青ウメの分量に2～3割を加えた分量の醤油（青ウメ500gなら醤油600～650㎖）が必要となる。

使用する醤油は、こいくち醤油でもうすくち醤油でもかまわないが、使う醤油によって出来上がりの色調や塩分量が変わってくるので、どんな醤油漬けにしたいかによって醤油を選ぶとよい。

●昆布・かつお節—昆布とかつお節で旨味をプラス

青ウメの3～5％程度の昆布やかつお節を加えて漬け込むと、旨味の多い濃厚な味になる（写真3）。昆布はそのまま容器に入れてかまわないが、かつお節は直接入れると中で散らばり、梅醤油として使う際に漉す作業が必要になる。これを避けるには、不織布の袋に入れて漬け込むとよい。

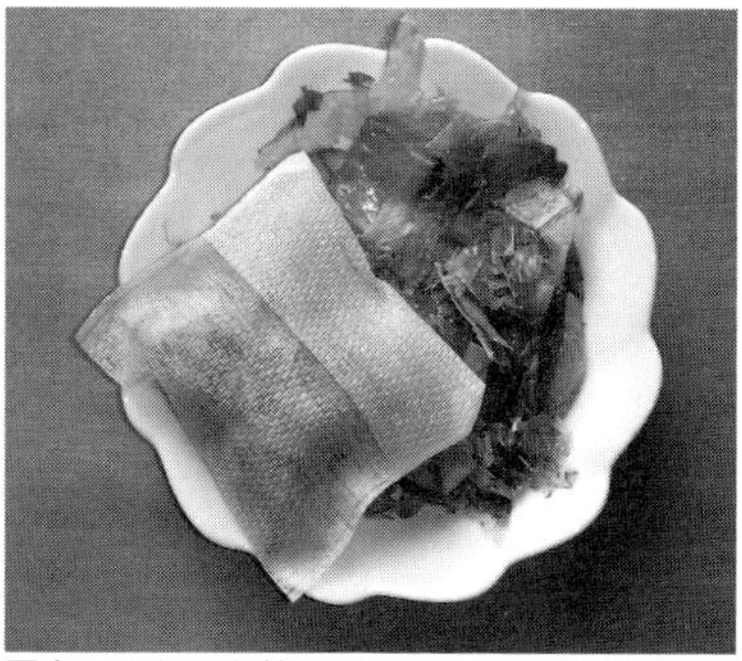

写真3　かつお節

●分量の目安

原料：青ウメ600g、醤油800㎖（920g）

仕上がり量：青梅の醤油漬け600g、梅醤油800㎖

製造工程

●水洗い・ヘタ取り

水を張ったボウルやバケツに青梅を入れてよく洗う。青梅のヘタは指先でこすると簡単に取れるものと取れないものとがある。水洗時に取れるものは取り、取れないものはそのままにして漬け込めばよい。漬けている間にヘタが取れて、容器の底に沈んでくる。

●水切り

水洗いを終えたら青梅をざるに上げる。表面に多量の水分がついたまま漬け込むと塩分濃度が低くなってしまうが、ざるにのせてサッと振って水を切れば、問題になるような量の水分は残らない。

●漬け込み

漬け込み容器は、ガラス製のふたつき広口ビンを使う。重石を入れる空間が必要なので、青ウメをすべて入れても容器の上部が3～5割ほどあく大きさのものを選ぶとよい。

容器に青ウメを入れ、すべての青ウメが水面下に隠れる

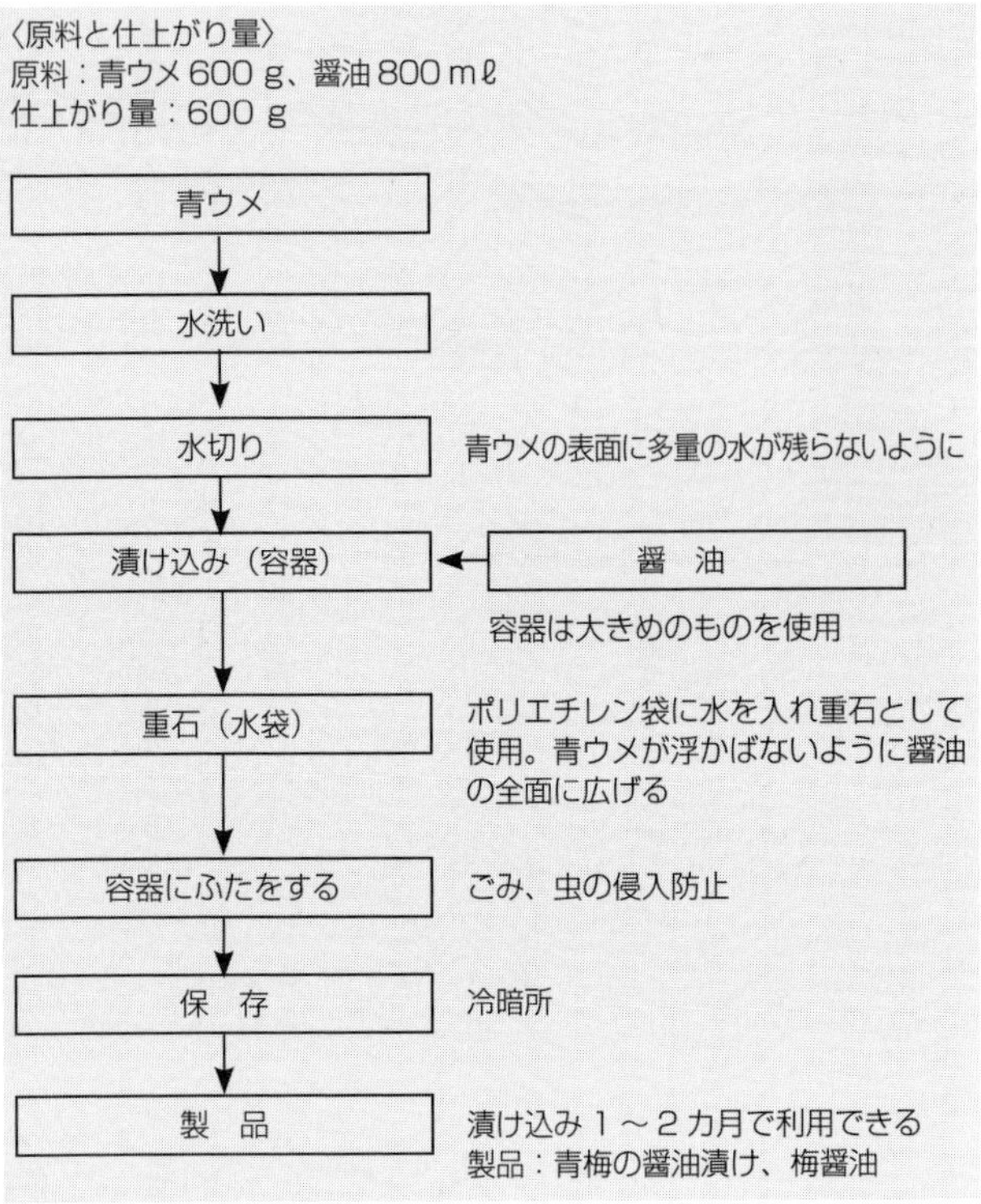

青梅の醤油漬けの製造工程

写真４
水入りプラスチック袋を重石に

分量の醤油を注ぎ入れる。

●重石

青ウメが浮かんでこないように、水を入れたプラスチック袋を重石としてのせる（写真4）。このとき、プラスチック袋から水が漏れると醤油が薄まってしまうので、袋に水漏れがないことをよく確認しておくこと。最後に漬け込み容器にふたをして冷暗所に保存する。

●温度管理

漬け込み直後の温度が高いと、ウメの生理的発酵が活発になり、激しく泡立つことがある。漬け込み中の容器内の温度は15℃以下を維持すること。とくに漬け込み直後はなるべく低温（5～10℃）を保つことが望ましい。

●食べごろ

醤油漬けにした青ウメは漬け込んでから1～2カ月で食べられるようになる。梅醤油も使ってかまわない。とくにこの時期の青梅の醤油漬けは、コリコリとした歯触りを楽しむことができる。

●保存

そのままふたをして冷暗所に置けばかなり長くもつ。時間が経つと果肉が軟らかくなり、コリコリした歯触りは薄れてくるが、果肉が軟らかくなりすぎた場合でも、煮物や汁物の調理などに利用すればむだなく使うことができる。

●青ウメ全体が醤油に漬かった状態で保存する

梅醤油を先に多く使うなどして青ウメが漬汁の上に露出した状態になると、青ウメの表面に微生物が繁殖する。保存中は青ウメの醤油漬けが漬汁にしっかり漬かった状態にしておくことが大切である。

また梅醤油は高塩分かつ酸性のため、内部に微生物が繁殖することはないが、空気にふれる表面には産膜酵母が生育することがある（写真５）。

これを避けるには重石を兼ねた水入りプラスチック袋で梅醤油の表面を覆い、なるべく空気にふれないようにするとよい。青ウメを全部使って梅醤油だけになったら、残った梅醤油を空気酸素との接触面積を小さくするため、口の細くなったビンに詰め替えて冷蔵しておくと長く使うことができる。

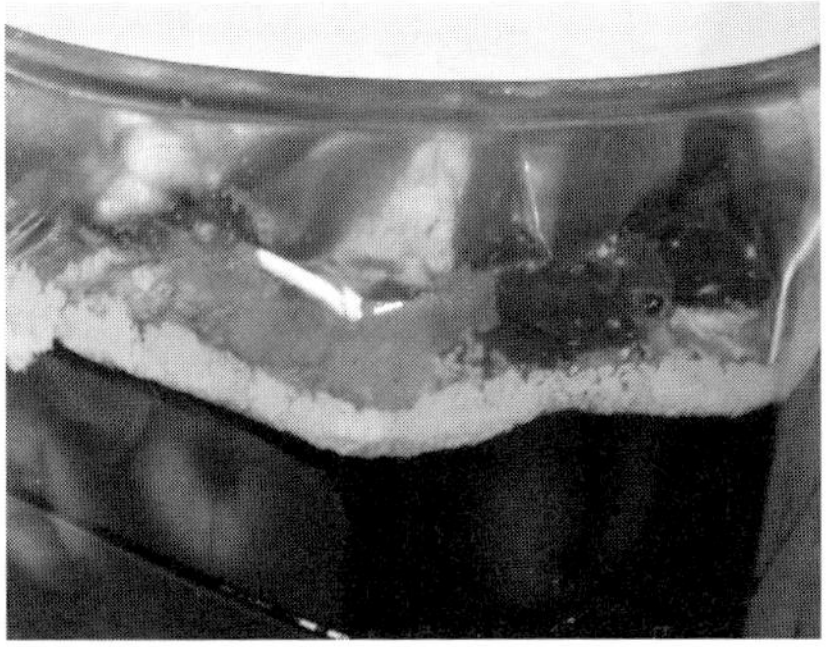

写真５　産膜酵母も生育

青梅の醤油漬けQ&A

Q01 黄ウメを使ったところ梅醤油が濁ってしまった

A 梅醤油の原料には青ウメを使うのがよい

黄ウメはペクチンが分解しているため、漬液に果肉に含まれる分解したペクチンなどが溶け出してくる。これが濁りの原因。また黄ウメは果肉が軟らかくなっているので、梅醤油と黄ウメの醤油漬けを分けるときに、黄ウメの皮が破れてしまい、果肉が醤油に溶け出て濁ることもある。黄ウメでつくった梅醤油が使えないわけではないが、見た目にあまり美しくなく、溶けた果肉のおりが底にたまり、容器をゆらしたり、傾けるとおりが舞い上がるので、原料には新鮮で傷のない青ウメを選んだほうが無難といえる。

Q02 梅醤油漬けの味が安定しない

A 使用するウメの品種・品質と加工工程管理の問題がある

ウメの品種、栽培条件、熟度などが違うと、含まれる酸の量が異なる。これを前提に、品種・栽培条件・熟度別に漬け込むか、これらの条件を相殺するような漬け方・加工をして酸味と塩分を調整する。

また青ウメと醤油の比率が変わると、塩分濃度が変わって味が変化する。きちんと青梅に合わせた分量の醤油を使うこと。

青ウメを洗ったときの水分が青梅についたまま仕込むと、付着した水分によって塩分濃度が薄まるため、これも塩分濃度が安定しない原因となる。

青ウメを水洗いしたあとは、表面についた水分をしっかりと切っておくことが大事である。

Q 03 漬け込み直後に泡立ちが激しかった 保存は常温でよいか

A 漬け込み直後はウメの発酵を抑えるために低温管理が望ましい

漬け込み直後の温度が高いと、ウメの果実の生理的発酵が活発化して激しく泡立つことがある。したがって、漬け込み直後は、なるべく低温を保持して発酵を抑えることが望ましい。

この生理的発酵は時間が経てば収まってくる。その後の保存は常温でよい。

Q 04 旨味を増すためにかつお節を入れたが、梅醤油を使うたびにかつお節を取り除く手間がかかり、非常に面倒だ

A かつお節は不織布の袋に入れて使うとよい

旨味を増すために昆布やかつお節を使う場合には、これらを不織布の袋に納めて、その状態でビンに入れておくとよい。こうすれば梅醤油を使うたびに茶漉しで漉したりする手間を省くことができる。

Q 05 梅醤油の表面に産膜酵母が繁殖した

A 水入りプラスチック袋で空気を遮断する

産膜酵母の繁殖を防ぐには、醤油の表面を空気（酸素）から遮断することである。たとえば、水を入れたプラスチック袋を醤油の表面全体にデレーッと広がるようにのせておくと、醤油の表面が空気にふれるのを防ぐことができる（写真4参照）。この場合も、袋と容器の間からわずかにしみ出る醤油に産膜酵母が繁殖してしまうが、これは手で簡単に取り除くことができる。

ハリハリ漬け

【ハリハリ漬けのポイント】
- 割干し大根の独特の風味と食感を生かした漬物
- 特別の道具や作業が不要
- 副材料によって多様なバリエーションが可能

特徴

●割干し大根の風味・食感を生かした調味漬け

ダイコンを乾燥させた割干し大根は、生のダイコンがもつ硬さと辛みとは違った独特のまろやかな風味・しなやかな食感をもつ食材となる。

ハリハリ漬けはこの割干し大根を使った調味漬け。割干し大根をサッと洗い、短く切って二倍酢や三杯酢に漬けただけの単純なものから、ニンジン、塩漬けキュウリ、シソの実、塩漬けナス、スルメ、ショウガ、昆布、カズノコなどの副材料を贅沢に使い、多種類の調味料と合わせたものまで、地域や家庭によりいろいろな漬け方がある(写真1)。

業務用・販売用として10～100kg単位で漬け込むこともできるし、家庭では50～100g程度の小さな単位で、手軽に漬け込むことができるのもハリハリ漬けの特徴といえる。

写真1　ハリハリ漬けの材料

原料

●割干し大根―ダイコンを松葉状に切って干し上げる

ダイコンの乾燥保存法には、割干し、切干し、凍み大根などの名で呼ばれている方法がある。呼び名は同じでも、地方によってはダイコンの切り方や加熱の有無、干し方などが異なる場合もある。

三浦半島の割干し大根はダイコンを縦に8～16に切るもので、ゆでたり、蒸したりといった加熱処理は行なわない。縦切りする際は、干しひもに掛けやすいように、ダイコンの端は切り離さずに残しておく。ちょうど松葉のような形状となる。

これを冬の乾燥した時期に干すと、1週間から10日くらいで干し上がる。条件のよいときにつくった割干し大根はきれいな白色に仕上がるが、乾きが悪かった場合は、黄色や淡褐色を帯びることがある。

家庭では使い残したダイコンを切干し大根とするとよいが、このときは皮つきのまま5㎜厚のイチョウ切りにして、ざるに広げて干すとよい。

割干し大根を保存するときは、変質を避けるため、吸湿しにくい包装をして低温で保管する。

写真２　昆布

写真３　スルメ

●昆布・スルメなど（副材料）―表面の汚れをきれいにして使う

三浦半島では漁業も盛んなことから、昆布やスルメなどの水産物を副材料としたハリハリ漬けが多くつくられている。

昆布、スルメは、表面の汚れを乾いたふきんなどで取り除き、包丁や料理ばさみなどで均一な幅、長さに切って使う。少し湿らせると切りやすくなる。

年末年始にはカズノコなどを使うこともあるが、このときは薄い塩水に浸けて塩抜きし、表面の薄皮をむいてから適当な大きさにして、加える。

●調味液―調味液のつくり方

ハリハリ漬けは各家庭ごとに副材料や調味料の配合割合

が異なるが、ここでは簡素な材料・調味料を使った例を紹介しておく。

割干し大根100g（水洗い後140g）、昆布10g、スルメ10g、トウガラシ1本を漬け込む場合に用意する調味液の材料は、水160mℓ、醤油60mℓ、酢35g、砂糖35g、みりん15mℓ。これらを鍋に入れて砂糖が完全に溶けるまで軽く加熱する。加熱の際には煮詰めないように注意。

調味液は漬け込む前に粗熱をとり、少なくとも50~60℃以下に冷ましてから使う。また調味液を保存する場合は清潔な容器に入れて低温保存する。

この調味液でハリハリ漬けを漬け込むと、塩分2.4%、酸0.3%、糖分9.4%となる。これにダイコンの甘味が加わり、塩味、酸味、甘味のバランスのとれた味となる。

●こだわるなら調味料にも工夫を

家庭用に漬けるなら、調味液に使う醤油などの調味料はいつも家庭で用いているものでかまわない。ただし販売用の場合は、販売コンセプトに合致するような醤油、砂糖、みりんなどを使用すると、より魅力のある商品とすることができる。

地域の特徴を示したいなら地域内で生産された調味料を、品質にこだわるなら高品質を訴求できる調味料を使うとよい。同じような調味料であっても、その原料や加工方法によって味が変わってくるので、味を確かめながら配合を決める。

●分量の目安

原料：割干し大根100g（水洗後140g）、昆布10g、スルメ10g、トウガラシ1本

調味液の配合：水160mℓ、醤油60mℓ、食酢35mℓ、砂糖35g、みりん15mℓ

仕上がり量：450g

製造工程

●水洗い

割干し大根の表面のほこりを落とすため、最初に軽く水洗いを行なう。割干し大根は吸水性がよく、水洗いするだけで水を吸って軟らかくなるので、長く水に浸ける必要はない。

●割干し大根は水に浸けすぎない

割干し大根を長く水に浸けると、水ぶくれ状態となる。その水をしぼるとダイコンの旨味まで水と一緒に抜けてしまう。したがって水に長く浸けすぎないことが大切。乾燥状態の割干し大根100gを水洗いすると140~150g程度の重さになるが、この程度の吸水量なら、手でしぼっても汁が出ることはなく、旨味が逃げずにすむ。

〈原料と仕上がり量〉
原料：割干し大根 100 g、昆布 10 g、スルメ 10 g、トウガラシ 1 本
調味液の配合：水 200 mℓ（割干し大根の吸水量分を除く。たとえば割干し大根を水洗いしたときの吸水量が 40 gあれば、水は 160 mℓ）、醤油 60 mℓ、酢 35 mℓ、砂糖 35 g、みりん 15 mℓ
仕上がり量：総量 500 g

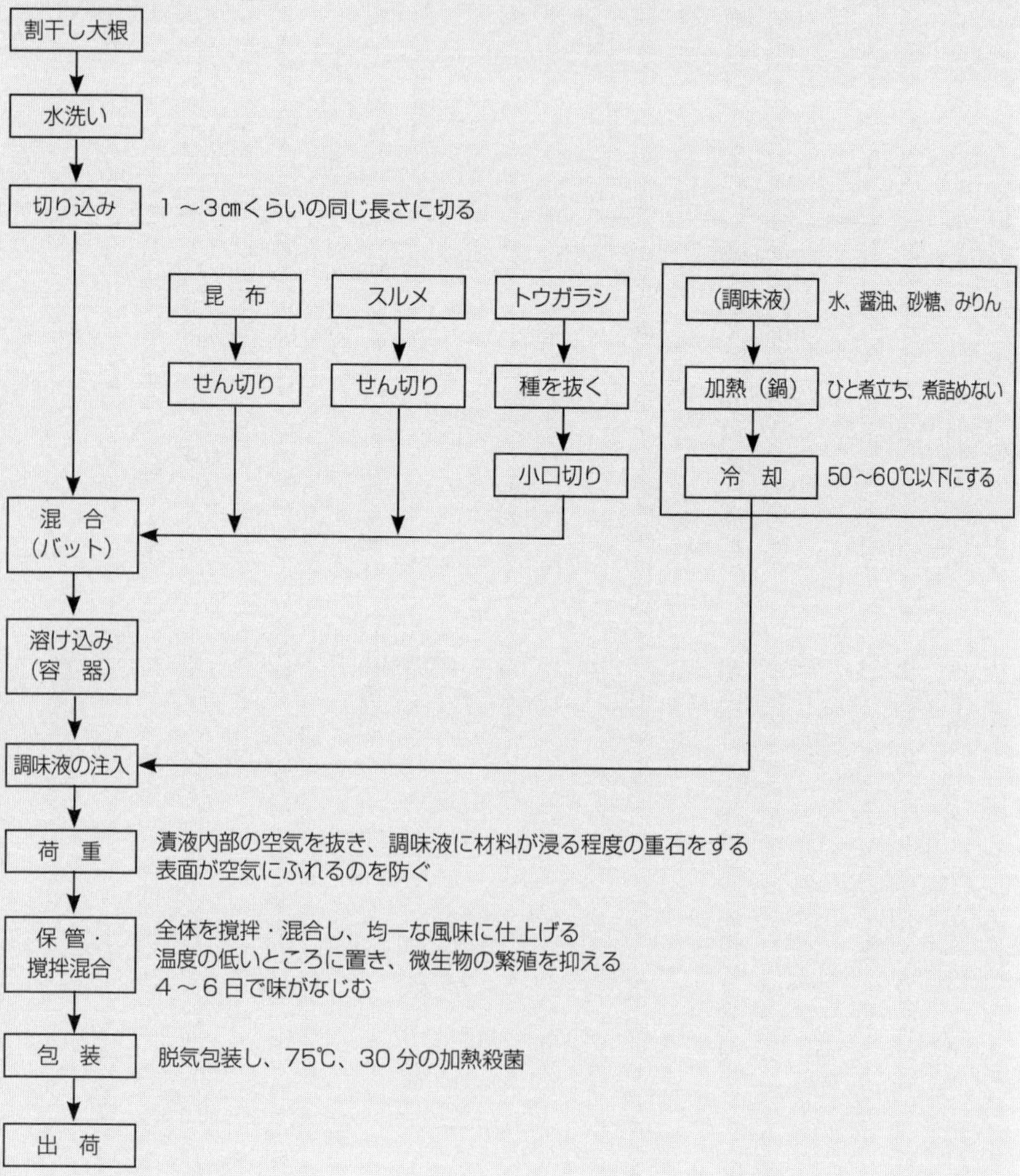

ハリハリ漬けの製造工程

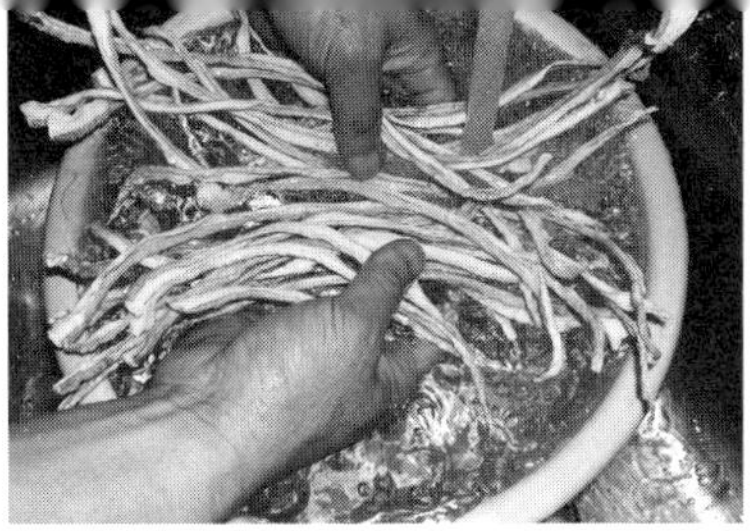

写真4　水洗い

写真5　同じ長さに切る

写真6　1日1回の撹拌

●材料を切る

水を吸って軟らかくなった割干し大根を、包丁または調理用のはさみを使って1～3㎝くらいの同じ長さに切る（写真5）。1本ずつではなく数本を束ねて切ると効率がよい。切ったあと割干し大根同士がくっついたら、軽くほぐしてバラバラにする。

昆布とスルメは3～5㎝程度の長さのせん切りにする。トウガラシは、えぐみのある種とその周辺を取り除いてから小口に切る。トウガラシを入れすぎると辛いだけの漬物になってしまうので、入れるのは少量でよい。

●漬け込み

適当な大きさに切った割干し大根、昆布、スルメ、トウガラシをバットに入れて、ざっとかき混ぜてから漬け込み容器に入れ、調味液を注ぎ込む。家庭用なら漬け込み容器は広口のガラスビンを使うと、出し入れしやすく、中の状態もよく見えるので管理しやすい。

販売用に漬け込むときは、漬け込み、手入れ、出荷・販売に支障のない容器を使用する。材質はプラスチックやステンレスがよく、容量は漬け込み、中間管理や移動・保管に支障のない大きさにするとよい。

●押しぶた・重石

材料と調味液を入れたら、押しぶたをして、その上に軽い重石をのせ、すべての材料が調味液の中に漬かり込むようにする。

●撹拌

漬け込み後、4～6日で割干し大根が調味液を吸って味がなじんできたら食べることができる。味をなじませるために、途中で1～2回、中身を撹拌するとよい。

●カビ防止のため重石で材料を沈ませる

農家では押しぶた・重石を使わず、1日1回の撹拌のみですませているケースも多い（写真6）。しかし品質管理の上からは、空気との接触が少ないほうが酵母やカビの発生を防止できるので、押しぶたと重石で材料を沈ませることが望ましい。また漬け込み期間が長くなると微生物の発生により品質が変化してくるので、完成したハリハリ漬けはなるべく早く食べきることが大切である。

ハリハリ漬けQ&A

Q 01 ハリハリ漬けの見た目が悪い

A 色が濃すぎるなら醤油の量を加減する

ハリハリ漬けの仕上がりの見た目が悪いケースとしては、全体の色が濃くなりすぎた場合、材料の切り方や混ぜ方が悪い場合などが考えられる。

色が濃くなりすぎる場合は、調味液に加える醤油の量を加減するとよい。ただし単に醤油を減らしただけでは味が薄くなってしまうので、うすくち醤油に変更したり、食塩を加えて塩分を調節する。

ダイコンの切り方が乱雑で大きさが不揃いなのも見た目は悪くなる。切るサイズはなるべく揃えることが望ましい。

また漬け込む際の撹拌が不十分だと、材料（ダイコン、昆布、トウガラシ）が偏ってしまうことがある。漬け込む際にはよく混ぜ合わせ、材料をうまく分散させること。

Q 02 漬けるたびに微妙に味が変わってしまう

A 割干し大根の吸水量は一定に保つ

漬けるごとに多少の変化があるのはやむをえないが、漬けるたびに味が大きく変わるの好ましくない。

味の変化は、材料と調味料の比率が変わってしまった場合に起きる。漬け込み材料の割合を一定にするため、きちんと計量し、管理することが必要。

工程管理に起因する味の変化は、割干し大根を水で戻す際の吸水量が多すぎたり、逆に少なすぎたりするケースがある。割干し大根の吸水量は、乾燥状態で１００ｇの割干し大根が水洗後１４０ｇ（乾燥時の1.4倍）になる程度が目安。水洗いの前後に割干し大根の重量を秤で測定すれば、正確な吸水量を調べることができる。

Q 03 ダイコンの旨味があまり感じられない

A 割干し大根は水に浸けない

割干し大根に水を吸わせすぎるとダイコンの旨味が抜け

てしまうことがある。割干し大根は吸水性がよいため、水に浸けると水を吸いすぎて水ぶくれ状態となる。これをそのまま漬ければ吸水した水分で調味液が薄まって味が変わる。水ぶくれ状態のダイコンをしぼると、水と一緒にダイコンの旨味も流れ出してしまう。

したがって割干し大根は水に浸けずに、サッと水で洗う程度にとどめ、しぼっても水が出ない程度の吸水量とする。割干し大根の適正な吸水量については前のQを参照。

Q 04 ハリハリ漬けから焦げ臭いにおいがする

A 調味液の加熱時に焦げつかせていないか

調味液を調整する際に、加熱しすぎて焦げつかせてしまったことが原因と考えられる。

調味液を加熱するのは砂糖を溶かすことが目的であり、煮詰める必要はない。したがって砂糖が溶けたら速やかに加熱を終えることが大切である。調味液の加熱時に焦げやすいのは鍋の側面なので、ガスの強い火で加熱するときは注意する。

Q 05 漬液が泡立ってきた

A 微生物の繁殖によるもの

微生物の繁殖により炭酸ガスが発生したことが原因。漬け込み期間が長くなると微生物が繁殖しやすくなり、風味も変化してくる。低温保存を心がけ、なるべく早く消費することが大切である。

長期保存する場合は、耐熱性のある袋や容器に入れて加熱殺菌（75℃、30分）するか、冷凍保存する。

Q 06 ハリハリ漬けを袋詰め包装して加熱殺菌したが、包装袋がふくらんできた

A 加熱殺菌の温度と時間をしっかり守る

殺菌が不十分だったために、袋の中で微生物が繁殖してしまったと考えられる。

加熱殺菌が不十分となる例としては、

①殺菌槽の温度が所定の温度まで達していなかった
②加熱時間が所定より短かった
③殺菌槽の中の撹拌が不十分で、袋同士がくっついてしまい、その部分の温度が十分に上がらなかった

などがある

加熱殺菌の際には温度と時間を正確に測定しながら行なう。また袋同士がくっつかないように、殺菌槽に入れる袋の数を調整するか、加熱中にしっかり撹拌することが大切。

Q 07 割干し大根が茶色になってしまった

A できるだけ低温で保存するのが望ましい

割干し大根を温度や湿度の高い状態に置いておくと、褐色に変色したり、香りが変化する。変色・変質を避けるには、吸湿しにくいプラスチック袋などで包装して、できるだけ低温で保存する。

なお、ダイコンを割干しにしたときの条件が悪く、なかなか乾かなかったときにも仕上がりが淡褐色を帯びることがある。空気が乾燥した条件のよい時期に干すよう心がける。

Q 08 割干し大根に青カビが生えた

A 乾燥・防湿をしっかりと

割干し大根の表面が完全に乾燥した状態ならカビが生えることはない。割干しの干し方が甘かったか、保存中に湿気を吸ったことが原因と考えられる。このようなことにならないよう、割干し作業でしっかりと乾燥させ、湿気の入らない袋や容器に入れて低温保存すること。

Q 09 割干し大根を冷蔵庫に保存していたところ、においが悪くなった

A 冷蔵庫内の臭気を吸着した可能性がある

しっかり包装しないまま冷蔵庫に入れておくと、割干し大根が冷蔵庫の中の臭気を吸着することがある。冷蔵庫をあらかじめ掃除して臭気を取り除いておくと同時に、割干し大根をきっちり包装して、外気の入らない状態で保存することが大切。

Q 10 ダイコンのハリハリした食感が弱い

A ダイコンを漬けすぎたことによる

ダイコンを調味液に漬ける期間が長すぎると、しだいに軟らかくなり、ハリハリ（パリパリ）とした食感が失われてしまう。また調味液がしみ込んだ状態で冷蔵保存していると、保存している間に少しずつ軟らかくなる。これを避けるには、桶から取り出したらすぐに冷凍するとよい。

Q11 地域の特徴を出したい

A 地域の特徴を出すには松前漬けのように、地域名がついた加工方法に準じたり、地域の特産品を使うこと

松前漬けはスルメ、カズノコ、昆布のような北海道の産品を材料とした醤油漬けであり、ハリハリ漬けの北海道バージョンといえる。本来は北海道松前の地から北前船で運ばれる材料でつくられるものをいったのかもしれないが、現在では普通名詞化している。これらの材料に地域でとれるダイコンやニンジン、トウガラシなどを醤油ベースの調味液で漬け込めば、どこの地域であっても松前漬けと呼ぶことが多い。

地域の特産品を原料に加えた漬物に、地域名を含んだ商品名をつけることが多くある。地域名を冠した商品名は多くつけることができないので、他の加工品や今後の開発方向をもふまえて検討する。

ぬか漬け

ふすま漬け（たくあん漬け）

【ふすま漬けのポイント】
・小麦製粉の副産物〝ふすま〟を利用
・消費時期によりダイコンの干し加減や塩の量を変える
・ウコンの使用で黄色の発色をよくする

特徴

●干し大根と塩ふすまでつくるふすま漬け

ふすま漬けは、小麦製粉時に出るふすまを活用したダイコンの漬物で、三浦半島の特産品の一つである。塩がきいているため彼岸を過ぎても酸味が強くならないのが特徴で、三崎漁港を基地に赤道近くで漁をする遠洋マグロ船にも積み込まれている。

農家では干し大根60kg（２００～３００本）を1樽に漬け込む。塩加減は食べる時期によって変えており、干し大根60kgに対して、冬場は1.8kg、彼岸から4、5月ころまで

は5.4～7.2kg、土用越しなら9～10・8kg程度の塩を使う。

ふすまの量は同1～9kgまで幅がある。

また多くの農家では、黄色く仕上げるためにウコン（ターメリック）を100gほど加えている（写真1）。

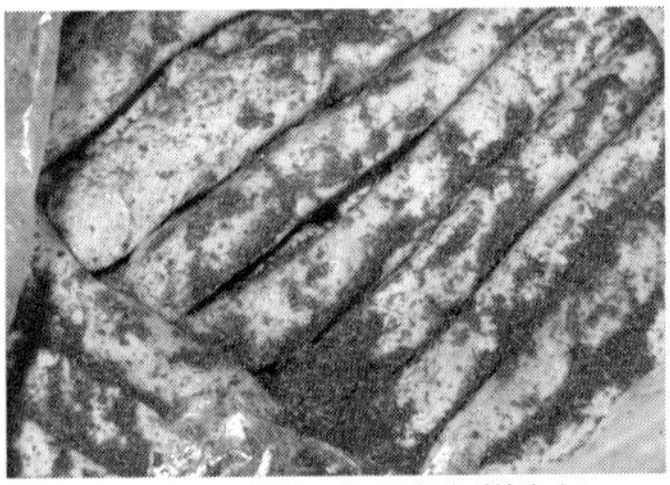

写真1　ターメリックで色も鮮やか

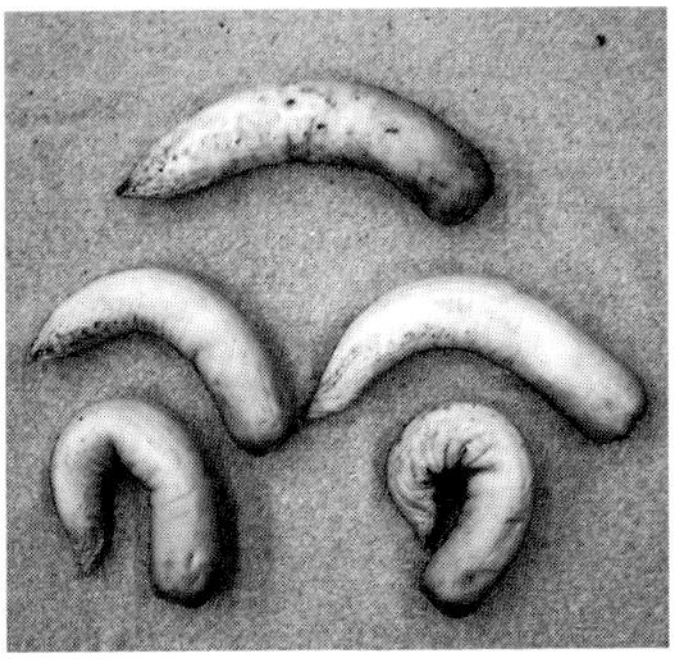

写真2　干し加減

原料

●干し大根—ダイコンの干し加減は食べる時期によって変える

通常、ふすま漬け用のダイコンは12月中旬に収穫し、洗浄後、1週間から20日ほど干す。早めに食べるものは「への字」に曲がる程度の軽い干し加減でよい。暑い夏の土用越しとするものは干し加減を強め、「のの字」に曲がる程度、重量でいえば干す前の半分程度の重量になるまで干し上げる（写真2）。

なお、使うダイコンは、必ずしもふすま漬け用に栽培したものでなくてもよい。三浦半島でも、出荷規格外となった青果用ダイコンをふすま漬けにする農家もある。

●ふすま—ふすまこうじにすることも

ふすまは、そのまま使ってもよいが、香りをよくするために蒸したり炒ったりする農家、ふすまこうじにする農家もある。

ふすまこうじにする場合は、水を加えてこねてから、せいろで10～15分蒸し、わらの上に広げ、米俵やござをかけて保温する。熱が出てきたら広げて冷まし、再度保温して、次に熱くなってきたら外に出して広げて乾かす。

●ウコン—ウコンの利用

ウコン（ターメリック）は色づけと風味づけに用いられる香辛料である。黄色い色素はクルクミンという。胆汁の分泌を促進する作用があることから漢方薬の材料ともなっている。通常は黄色いが、アルカリ性になると赤味を帯びた色に変わる。漬物には乾燥粉末を使う。

最近は農産物直売所で生のウコンが市販されているが、黄色の強いウコンを薄く切って干し、粉末にして使うこともできる。

●分量の目安

原料：干し大根20kg（40本）、塩1.4kg、ふすま2.6kg、ウコン20g

仕上がり量：14～16kg（重さは当初の2～3割減となる）

製造工程

●ダイコンを干す

ダイコンを水洗いした後、2本のダイコンの葉を結束して竹竿などに掛け、天日で1週間から20日程度干す。暖かいときに干すと葉から水分が蒸散して「ス」が入りやすいので、なるべく寒い時期に行なうのがよい。

写真３
ふすま漬けの材料。ダイコン、ボールに入ったふすま（上）、塩（下）とウコン（下左）

ダイコンが干し上がったら葉と根先を切り落とす。切り落とした葉は「干葉（ひば）」として漬け込みのとき、ふたとして最後に使用する。

●塩ふすまをつくる

用意した塩から、漬け込みの最後に上に置く分量の塩（１００～２００g程度、容器の表面積によって変わる）を取り分ける。残りの塩とウコンをふすまに振りかけ、よく混ぜ合わせる。これが塩ふすまである。

●漬け込み

漬け込み容器の底に塩ふすまを振り、干し大根を1段分、すき間なく詰める。干し大根の詰め方には、直漬け、十文字漬け、さんま漬け、車漬けなどいろいろな方法があるが、容器の容量、形状、干し大根のサイズを考慮して、なるべくすき間が少なくなるように詰める（写真4～8）。

1段分詰めたら、塩ふすまを全体に振り、次の段の干し大根を詰めていく。これを繰り返しながら、容器の八分目あたりまで干し大根を詰める。

●最上段に干葉をのせ、塩を振る

最後の段を詰め終えたら塩ふすまを全体に振り、その上に干葉（ひば＝切り落とした干し大根の葉）をすき間なくのせる。最後に、取り分けておいた塩を上から振る。

最後の段のダイコンに干葉を厚く置くことで空気（酸素）の浸入を防ぐことができる。

〈原料と仕上がり量〉
原料：干し大根 20kg（40 本）、塩 1.4kg、ふすま 2.6kg、ウコン 20 g
仕上がり量：14 ～ 16 kg（2 ～ 3 割減となる）

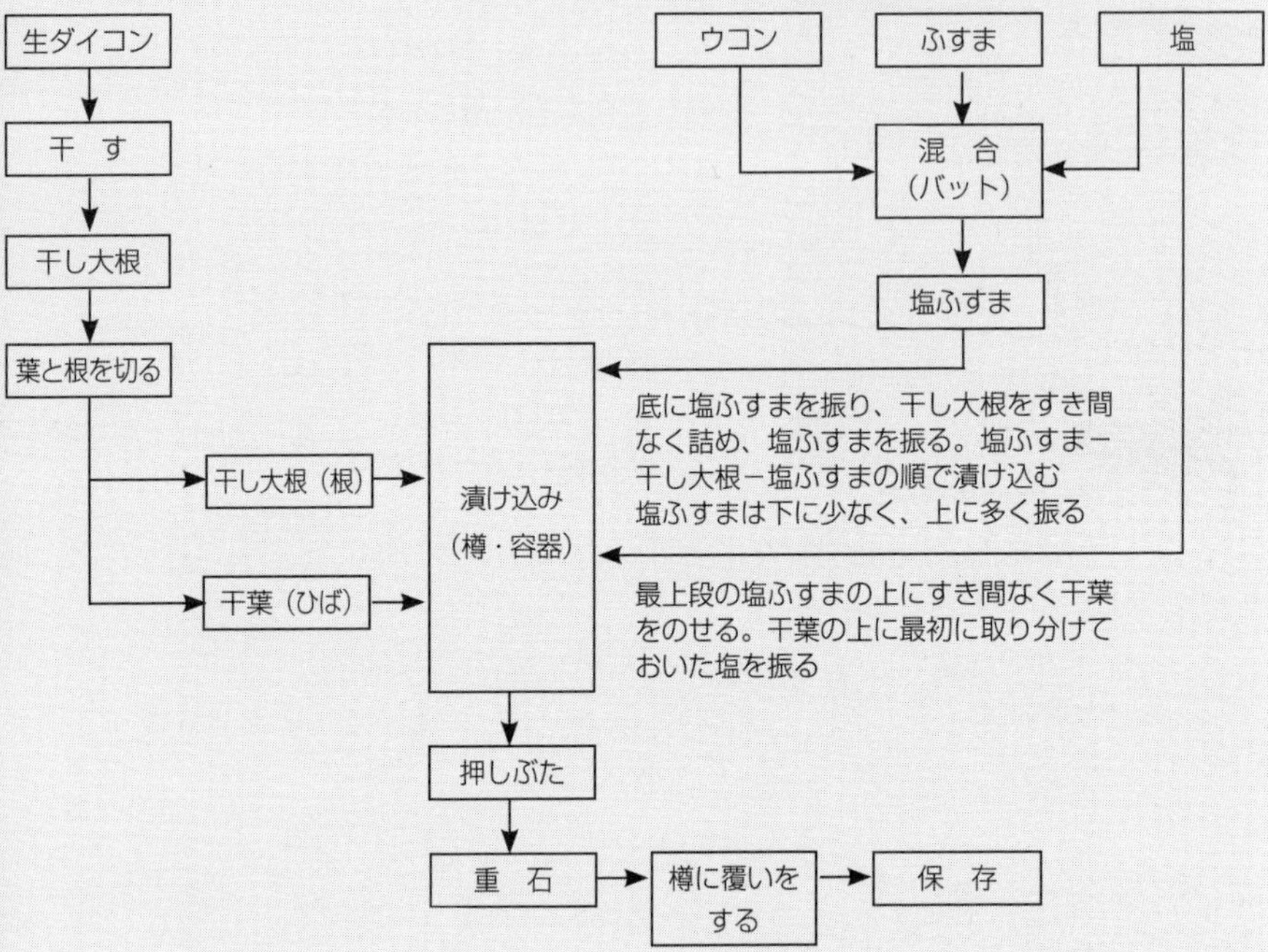
生ダイコン
干す
干し大根
葉と根を切る
干し大根（根）
干葉（ひば）
ウコン
ふすま
塩
混合（バット）
塩ふすま
漬け込み（樽・容器）
底に塩ふすまを振り、干し大根をすき間なく詰め、塩ふすまを振る。塩ふすま－干し大根－塩ふすまの順で漬け込む
塩ふすまは下に少なく、上に多く振る
最上段の塩ふすまの上にすき間なく干葉をのせる。干葉の上に最初に取り分けておいた塩を振る
押しぶた
重石
樽に覆いをする
保存

ふすま漬けの製造工程

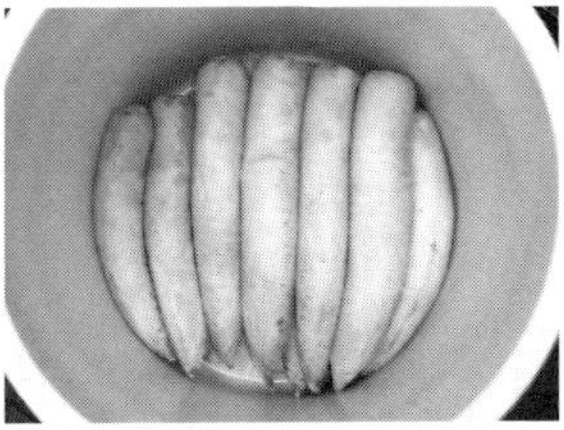
写真４　直漬け

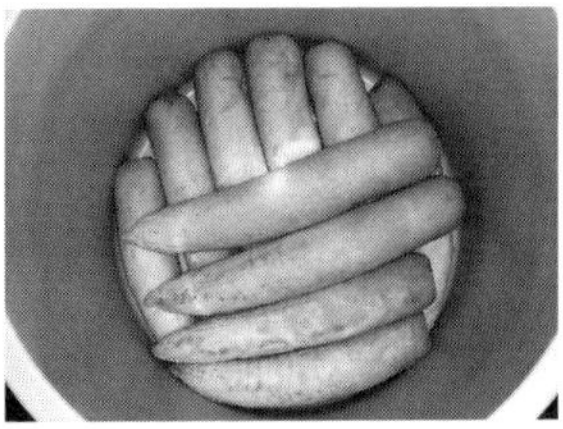
写真５　十文字漬け

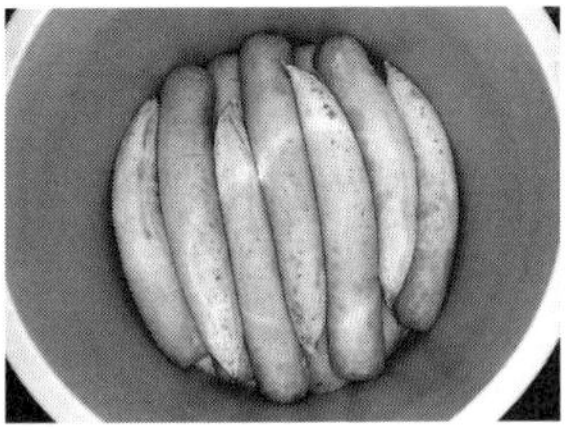
写真６　さんま漬け

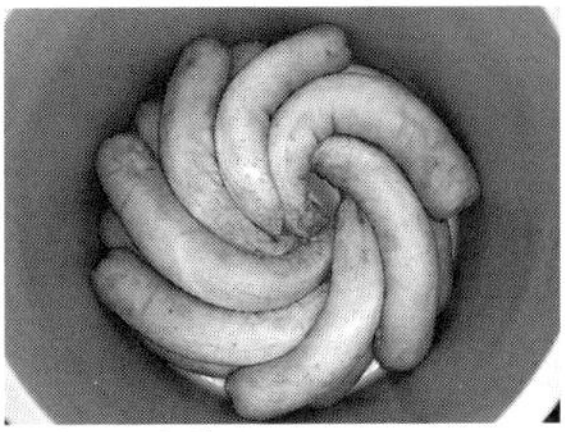
写真７　車漬け

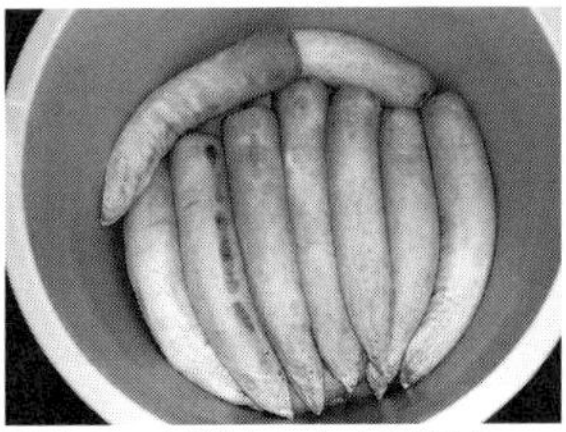
写真８　直漬け＋十文字漬け

●重石をのせる

押しぶたをして重石をのせる。「重石は漬けた中身と同じ重さ」といわれるが、これは大樽の場合であり（写真9）、容器が小さい場合は中身よりも重くしたほうが風味のよいふすま漬けをつくることができる。20kgの干し大根を漬ける場合、30～40kgの重石が必要になる。

●2～3カ月で賞味可能

食塩の配合割合で食べる時期を決めているので、食塩の使用量が少ないものは漬け込んで2～3カ月くらいで食べられ、暑さが来る前に食べきってしまわなければならない。ふすま漬けの本当のおいしさが出てくるのは、夏を越せるような強い食塩をつかったもので、塩味がなじんだ6カ月ころからとなる。

写真9
4斗樽（60ℓ）では重石50～100kgとなる。漬樽そのものを重石にする
漬樽を重ねるときは渡し板を入れて荷重が均等になるよう、また樽が傾いて倒壊しないようにする

長期漬けにする場合は、ダイコンが空気にふれると酸化による変色や風味の低下につながるので、漬液が押しぶたの上まで上がっていることを時々確認すること（写真10）。また、ほこりや虫などが入らないよう、樽に覆いをすること。

●漬け込み容器は漬け込み量に合ったものを

漬け込む本数に合ったサイズの漬け込み容器を用意する。プラスチック製の大樽が使いやすい。木製の樽を使うときは水漏れがないことをよく確かめる。押しぶたは木製でもプラスチック製でもよいが、容器の口径に合ったものを使うこと。

●漬け込みは容器の八分目までにとどめる

八分目を超えて詰めると、あとで漬液が樽の外にあふ

写真10　漬水は押しぶたの上まで

写真11　小砂利の重石

れてくるので、詰める量は最大でも八分目までにとどめること。また、塩分は漬け込み中に下に降りていくので、塩ふすまは、下の段は少なめに振り、上の段ほど多く振るようにする。

●色よく漬かった干葉は食用に

干し大根の酸化による色と香りの変化を防ぐことが干葉をのせる目的だが、色よく漬かった干葉はダイコンの葉の漬物としてそのまま食用にすることも可能である。

サッと塩出しして、きざんで食べたり、惣菜として炒め物の材料として利用する。

●容器を重ねて重石代わりに

漬物容器を積み上げるときは渡し板や架板を使う。漬物容器を重ねて積み上げ、重石の代用と保存場所の効率的利用を行なうときは、下部の容器の縁に板を架して荷重が均等になるようにするとともに、容器が傾いて倒壊しないようにする（写真9）。

●小砂利を袋に詰めて重石にすると便利

重石は漬物用に販売されているものを使ってもよいが、おすすめは、きれいに洗った小砂利を丈夫なプラスチック袋に詰めて重石とする方法である（写真11）。1個を5kg程度とすれば運ぶのも楽。形状が自由に変化し、何個でも重ねて使えるので、必要な荷重を均等にかけることができる。

ふすま漬けQ&A

Q 01 干したダイコンにスが入った

A ダイコンを干しているときに葉から水分が蒸発したため、スが入った

気温が高いと葉からの水分蒸散が活発で、ダイコンの中の水分が減少する。

気温が下がり、ダイコンの生理活性が低下して（生長が止まるような時期）からダイコンを干す。気温が高いとき干すのなら、葉を切り落として干す。

葉付きダイコンは、葉のところで束ねて竿などに掛けて干せばよいが、葉を切ったダイコンは縄でからげ、連にして干す。

Q 02 ダイコンを干してもなかなかしなびてこない

A ダイコンが太いとなかなかしなびてこない

ダイコンが太く、皮があると水分の蒸散が緩慢になるので、ダイコンの皮を数か所、皮剥き器（ピーラー）で皮を剥いて、水分蒸散を促進する。

Q 03 樽に漬けた上部のダイコンの色が黒くなっている

A 樽の上部は空気の影響を受けやすく、
空気中の酸素と色素や香り成分が反応し、
色が変わったり、香りが変わってくる

色素成分と酸素との反応によって褐色化・黒色化するので、酸素の影響を受けないようにする。ダイコンの上に干葉などのように酸素の影響で色が変わってもかまわないものを詰めて、樽の内部に酸素の影響が出ないようにする。漬けた干葉の色が黒くても香りと歯切れがよいならきざみ漬け、醤油漬けや惣菜などの材料として用いる。

Q 04 酸味が強くて、おいしくない

A 乳酸発酵が進み、
乳酸の生成量が増えたために酸味が強くなった

乳酸発酵が適度に進んだ段階で食べるようにする。乳酸発酵をする乳酸菌の増殖は塩分で調節できるので、食べるまでの漬け込み、保存期間の環境温度による適切な塩分調整によって発酵を管理する。

酸味が強くておいしくないとき、歯切れがよい状態で残っているなら、他の野菜と合わせて漬物を調整したり、酸と塩を抜いて、惣菜として使う。

Q 05 樽が割れて漬液が漏った

A 変色、黒味異臭、歯切れよさで判断

①容器の割れ目、ひびから漬液が漏れだしているが、容器の中に漬液があるなら、速やかに容器を替えて元のように重石をかけて保存し、時期がきたら消費する。

②容器の中に漬液は残っていないが、ダイコンは変色、異味異臭を帯びていないなら、容器を替えて漬け直す。重石をかけて保存するが、漬液が上がってこないなら、塩水を補い、時期がきたら消費する。

③漬物の色が変わり、異味異臭がする場合、歯切れがよいならば調味漬物原料や惣菜原料に向くかを考える。変色、異味異臭があり、歯切れもなくなっているなら廃棄を考える。

Q 06 塩辛くて、おいしくない

A 漬け込み・保存期間と塩の使用量に関係がある

漬け込み・保存期間が短い漬物、あるいは低温の環境で漬け込み・保存される環境であるのに、塩分が濃い場合は塩分を減らすことはできる。長期間保存する漬物や温度の

高い環境で漬け込み・保存される漬物は塩分が少ないと乳酸の生成が多くなり、酸味が多くなるとともに組織が軟らかくなるので歯切れのよさもなくなってくる。

漬け込み期間と塩分量を確認し、長期漬けなら塩分を下げることはできないので、利用時に工夫をして塩辛さを感じないようにする。

漬物は食べる時の形状によっても口の中に塩辛さを残さないようにできる。一般的に甘味のあるたくあんは、やや厚めに切り、塩味の強いたくあんはごく薄く切ったり、せん切りにしたりする。

Q07 副材料のふすまが手に入らない。米ぬかは手に入る

A 米ぬかとふすまでは成分が異なるが、米ぬかもふすまも同じような配合割合・手順で使うとよい

米ぬか、ふすまをそれぞれ単独で使ってもよいし、米ぬかとふすまを適当に混合して使ってもよい。これらを蒸したり、炒ったりすることも製品の特徴づけとなる。

漬け込み時に配合割合や手順、途中の管理などの記録・メモを作成する。漬物を利用・消費するときにも記録・メモに追加記入し、次回の改善点とする。

ぬか漬け

菜の花のぬか漬け

【菜の花のぬか漬けのポイント】
- 季節限定の味わいを醸す
- 地域に残る菜の花を利用
- 菜の花の辛味とぬか床の旨味を活かす

特徴

菜の花はカラシナ類のとうを利用する。地元で昔からつくられている品種、あるいは大量につくられ出荷されている品種を用いる。

浅漬けとして緑が鮮やかで歯触りのよい漬物とするのもよいし、古漬けとしてベッコウ色に仕上げるのもよい。それぞれの食べ方、利用法は異なるのでそれを意識して製造する。

製造工程

●新鮮な軟らかい菜の花を収穫

収穫適期に収穫する。品種にもよるが最初は主茎につく太い菜の花が収穫でき、主茎収穫後は脇芽のやや細い菜の花が収穫できる。いずれも手でポキッと折り取れることが収穫の目安になる。ポキッと折り取ることができない菜の花は繊維が硬くなり、漬物材料としては適していない。

●鮮度のよいものは鮮度のよいうちに処理

【下処理・塩もみ】　収穫した菜の花は速やかに塩もみする。処理が早ければ早いほど菜の花の甘味や風味が残る。菜の花をサッと洗い、2％の塩を振りかけ、塩もみする。塩もみはプラスチック製のバットやコンテナを利用したり、プラスチック袋を利用する。

【塩もみした菜の花の漬け込み】　ぬか床はほどよく発酵したもの

写真１　菜の花のぬか漬け

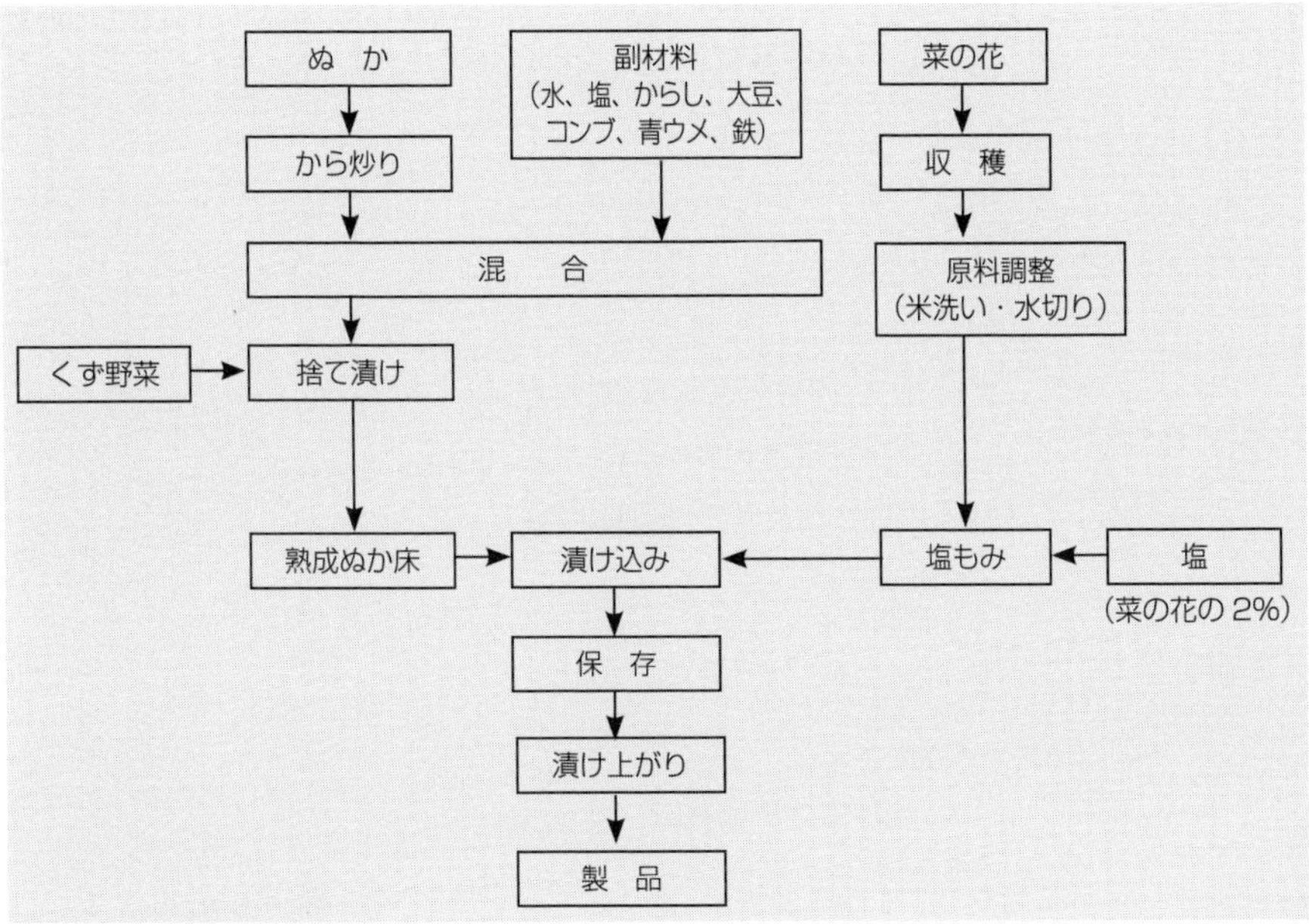

菜の花のぬか漬け製造工程

を使用する。ほどよく発酵したぬか床は表面に酵母、内部に乳酸菌が繁殖し、良好な風味と酸味が醸成されている。ぬか床の手入れとしてぬか床をかき混ぜるのは表面に繁殖した酵母を内部に入れて増殖を抑制し、内部で増殖した乳酸菌にも空気にふれさせて増殖を抑制するため。定期的な手入れによって一定の状態を保つことができる。ぬか床の手入れは定期的な手入れ、漬け込みを行なうことで一定の品質の漬物をつくることが可能になる。

菜の花の茎の太さによって、漬かり方が変わってくる。細いものや小さいものは、太いもの大きいものに比べて漬かり方が早くなる。適切な時間に取り出す。

漬け込み量が少なければ塩もみした菜の花をキュッとしぼり、ぬか床にギューッと押し込むように入れ、ぬか床の中に空気が残らないようにする。また、ぬか床の表面から野菜が出ないようにする。最後にぬか床の表面を平らにし、容器のまわりもきれいにする。

【保存】漬け上がった菜の花のぬか漬けは包装し、冷蔵保存する。ぬか床に含まれる酸によってpHが低下するので、時間が経つと鮮やかな緑色が退色し、黄緑色から黄色になる。

●ぬか床のつくり方

【ぬか床の材料】米ぬか7ℓ（約3500g）、水2ℓ、塩250g、粉和カラシ170g、大豆325g、昆布（10㎝角）2.5枚、青ウメ20粒（500g）、さびた鉄鎖1本

【容器】ふたつきのプラスチック樽やコンテナが使いやすい。ふたつきのホウロウ容器も使いやすいが長年使っているとホウロウの割れ目から腐食し、穴があくことがあるので注意する。

【米ぬか】なるべく新しい米ぬかを使う。古いぬかは油分が酸化し、香りが悪くなっている。また、虫が発生していることもある。使う前にふるいでふるえば夾雑物や虫が除ける。

【米ぬかのから炒り】米ぬかのから炒りは、香味をよくすることと雑多な微生物を減らすことを目的に行なう。米ぬかはとても焦げやすいので、木ベラで米ぬかをよくかき混ぜ、焦がさないようにする。少しの焦げならば香ばしくなるが、全体が焦げ茶色になるのは香ばしさを通り越して、苦味も増してくる。焦げすぎには注意する。

焦がすのが心配なら、蒸すことで雑多な微生物を減らすこともできる。

【塩】並塩や粉砕塩を使用する。ミネラルの多い塩、天然塩などいろいろの塩があるが、ぬか床は材料の総合力で力を発揮する。ミネラル分は他の材料から補給されるので、高価な塩を使う必要はない。

【カラシ】和カラシでも洋カラシでもかまわないが、和カラシのほうが辛味が穏やか。カラシの辛味成分が微生物の

繁殖にブレーキをかけ、微生物の暴走を防ぐ。

【大豆】　大豆には米ぬかには少ないタンパク質が多く、分解されてアミノ酸となり、旨味の基となる。大豆が手近にないときはキナコ（黄粉）を使う。

【青ウメ】　ウメの酸が仕込んだばかりのぬか床のpHを低下させ、多様な微生物の発育を抑制する。青ウメがないときは梅干しを使う。梅干しには食塩が20％くらい含まれているので、梅干しを使うときは、塩の量を減らす。

【鉄棒】　ナスを漬けたときは鉄分が色止めになる。さびた鉄釘を使うことが多いが、最近は釘のある家庭が少なくなったので、手近にある鉄棒や鉄鎖を利用する。ぬか床に入れる鉄鋳物も販売されている。

【水の量】　水はぬか床の固さを確かめながら、少しずつ加える。ギュッと握ると、水がジワッと出る、味噌より少し固めが目安になる。

●つくり方の手順

①容器に米ぬかと粉和カラシを入れて混ぜる。

②塩と水を入れて混ぜる。

③大豆は水を吸わせないよう冷水でサッと洗い、入れる。

④大豆、昆布、青ウメ、鉄棒を入れる。

⑤全体が均一になるように混ぜ、表面を平らにならす。

●捨て漬け

つくったばかりのぬか床は旨味成分も多くなく、微生物が増殖していないので、野菜を漬けてもよい風味にならないので、しばらくはくず野菜を入れ、微生物を増殖させ、風味を醸成させる。

①ぬか床にくず野菜を入れる。

②翌日に出して、捨てる。

③捨て漬けを3～4日繰り返す。

●ぬか床の塩分濃度と食べごろ

ぬか床の多くは家庭でつくられている。それぞれの家によってぬか床の材料、食べごろになるまでの野菜をぬか床に漬ける時間などが違う。それはぬか床の食塩濃度、水分量、発酵・熟成度合い、また温度などによって、ぬか床の食塩や酸味、旨味成分の野菜への浸透が異なるから。

ここに記した配合割合だと食塩が9％くらいになる。長く漬けると塩辛くなる。4～5時間漬けると食べごろになるが、家庭あるいは人によって好みは千差万別であり、塩味を感じない極浅漬けを好む人から、表面の緑色が黄色を帯びてきた古漬けに近いものを好む人までいる。わが家の味、わが店の味を安定させるようにする。

●くず野菜

キャベツの外葉やダイコンの葉、ニンジンの切れ端などをよく洗ってから、利用するとあまりむだにならない。

●野菜の入れ方

野菜の大きさによって、漬かり方が変わってくる。薄いもの、小さいものは厚いもの、大きいものに比べて漬かり方が早くなる。食べるときを頭に浮かべて野菜の大きさを加減し、適切な時間に取り出す。

野菜の表面に塩をすり込み、野菜をぬか床にギューッと押し込むように入れたら、ぬか床の中に空気が残らないようにする。また、ぬか床の表面から野菜が出ないようにする。最後にぬか床の表面を平らに、容器のまわりもきれいにする。

●ぬか床の手入れ

漬けているうちにぬか床が野菜の水分を吸ってゆるくなってくる。また、野菜を漬けているうちにぬか床も減ってくる。床の固さが一定になるよう、こまめに米ぬか、塩、粉和カラシを補う。

ぬか床は撹拌することで、内部が均一な成分になる。また、内部に住在している微生物の偏在を防ぎ、適度な増殖をさせ、良好な風味を醸成させることが可能になる。

●ぬか床の長期休暇

しばらく留守にするときは古漬けを取り出し、米ぬかと粉カラシを多めに加える。仕上げに粉和カラシを表面に振る。

また、「今年はもうイイヤ！」ということで長く休ませるときは、ぬか床の表面をプラスチックフィルムでぴったりと覆う。長期休暇あけに表面に白い膜（産膜酵母）ができていたら、その部分を取り除き、新しい米ぬか、塩、昆布、大豆を加え、青ウメが実るころ、前の年に入れた青ウメの種を取り除き、新しい青ウメを入れる。

菜の花のぬか漬けQ&A

Q 01 塩もみしたが塩がまとわりつかない

A 材料に対して塩の量が不足し、もみ方が不足している

きちんと材料を秤量し、しっかりともむ。材料に対し適当量の塩を振り、しっかりともむが、材料の表面が乾いているとすり込んだ塩は材料にまとわりつくことなくサラッとして下に落ちてしまうので、下に落ちている塩をこすりつけるようにもむ。もんでいるうちに材料の表面に傷がつき、水分がひき出され塩がくいつくようになってくる。

Q 02 塩もみを調理台の上でやっているが塩や材料から出る液で調理台が汚れ、掃除が大変だ

A 塩を使った処理で後始末が悪いと塩と材料の汚れで不潔になりがち

微生物の汚染が進むだけでなく、鉄がさびて資材・施設の耐久性にも影響するようになる。塩もみ時の塩や漬け水

を散らさないようにするため、材料の量が少なければプラスチック袋を使い、量が多くなればプラスチック製のバットやコンテナを利用して、塩がむだにならないよう、調理台や加工室内を汚さないようにする配慮が必要。

Q 03 ぬか床がうまく管理できずカビが生えてしまった

A ぬか床の中は微生物の培養槽になっている

表面は空気が豊富にあるので酸素を好む酵母や糸状菌のような微生物が多く繁殖する。ぬか床の内部は空気がないので酸素がなくても増殖できる乳酸菌のような微生物が多くなる。ぬか床をかき混ぜる手入れをしないと、表面には酸素を好む酵母、内部には乳酸菌がどんどん繁殖し、表面は酵母の白いベトッとした塊ができ、内部は乳酸菌のつくる乳酸が大量に溜まるため非常に酸味が強くなる。さらに放置すると表面には酵母だけでなく糸状菌（カビ）が発生し、内部の乳酸菌は自らが生成した乳酸によってpHが下がりすぎ、死滅し、腐敗してくる。

表面全体にカビが生えるような状況になったときには内部のpHも非常に低くなり、乳酸菌も死滅していることが多いので、内部の状態を確認し、異味異臭が激しいなら廃棄する。

表面の一部、あるいは容器の一部にカビが生えているなら、ぬか床および漬物容器の管理、ぬか床の撹拌や容器の清掃が悪いためのカビの発生なので、カビを除去し、ぬか床をよく撹拌し、容器をきれいに清掃する。

Q 04 漬け上がった菜の花にぬか床をつけて販売するので、ぬか床がすぐに少なくなってしまう

A こまめな補給、熟成ぬか床を別に準備

材料を漬け込んでいるぬか床が減ったり、水が多くなってきたら、床の固さが一定になるよう、こまめに米ぬか、塩、粉和カラシを補う。

ぬか床の減り方が早いなら、漬け込むぬか床以外に熟成ぬか床をつくり、熟成ぬか床を補っていく。

Q 05 菜の花の収穫末期の茎が硬いものを漬け込んでしまった

A まずは「きざみ漬け」に

漬け上がりの状態を確認し、茎が硬いと感じるなら、そのままの形での製品化ではなく、きざみ漬けにして茎の硬さを感じないものとする。

きざみ漬けでも硬いと感じるならば、表面の皮、繊維な

どがしっかりとしているので、加熱処理を含む別の煮物や嘗め味噌の材料への利用も考えられるが、良好な品質の加工品は得にくい。このときは労力と経費などを十分に考慮する。

酢漬け

ラッキョウ漬け

【ラッキョウ漬けのポイント】
- 手早い処理で、きれいに仕上げる
- 乳酸発酵でシャキシャキした歯触りと風味を醸成
- 塩を加えて貯蔵し、周年甘酢漬け加工

〔特徴〕

●ラッキョウ

自家生産、あるいは購入するが、収穫後の適切な管理と手早い処理で塩漬けし、適切な乳酸発酵により、歯触りよい下漬け原料をつくる。

写真１　ラッキョウ漬け

〔製造工程〕

●材料

ラッキョウ（調製して水洗いしたもの）10kg
塩（ラッキョウの10％）1kg
差し水（ラッキョウの30％）3ℓ
塩（貯蔵用）（ラッキョウの5～10％）0.5～1kg

●ラッキョウ

ラッキョウの収穫時期は6月中旬から7月上旬までの間がよく、これを過ぎると皮が硬くなる。そのため一般に出回るのもこの時期で、漬け込みの時期が限られる。

出回るものに、泥つきラッキョウと洗いラッキョウがある。

粒の表面が緑色になっているものは避け、色が白く、粒の揃っているものを選ぶ。

小粒のものは花ラッキョウといって高級品とされる。ラッキョウは、まいて1年目に収穫すると大粒のものが取れ、そのまま畑において2～3年目に収穫すると分球し小粒となる。

●塩

塩は並塩や原塩、または粉砕塩などを用いる。原塩や粉砕塩だけを用いてもよいし、並塩と混合して用いてもよい。洗いラッキョウ10kgに対して塩1kgを使用する。乳酸発酵が始まるとブクブクと泡立ってくる。塩が多いと乳酸発酵が遅れる。

●容器

ラッキョウの量が少ないならば、下漬け容器はガラス製の容器でもよい。プラスチック製の容器は大きいものから小さいものまであるが、ラッキョウを均一に漬けるため、時々攪拌するので、大きめのプラスチック製の容器が適当。ラッキョウは独特のにおいが強く、プラスチック製の容器を用いるとにおいが残るので、ラッキョウ漬け専用にする。

昔の農家ではカメに入れてふたをし、時々転がす「けとばし漬け」「ころがし漬け」という方法も行なっていた。

こうすることで、カメの中の塩分を均一にするとともに、漬液中で増殖する乳酸菌や、漬液の表面に増殖する産膜酵母の急激な活動を抑えられるため、風味がよく歯切れもよい下漬けとなる。

●ラッキョウ下漬けのつくり方

①畑から掘り上げたラッキョウならば粒の首と根を切り落とす。
②泥つきラッキョウは水で洗い、泥と表面の枯れた薄皮をこすり落とす。
③水洗いしたラッキョウの重量の10％の塩と差し水（30％の水）を用意する。
④差し水に半分の塩を溶かし塩水をつくる。
⑤残りの塩でラッキョウを漬ける。
⑥容器に入れたラッキョウの上にのった塩を流さないように④の差し水（塩水）を注ぐ。
⑦押しぶたをして、重石をのせ、ふたをして保存する。
⑧3～4日すると発酵して泡が出てくるので、1日1、2回攪拌し、均一な発酵を進める。
⑨2～4週間で乳酸発酵が終了し、泡の出が止まるので、すぐに二次加工するか、塩を加えて貯蔵し、順次加工する。貯蔵するときは容器にごみや虫などが中に入らないようにする。

ラッキョウ下漬けQ&A

Q01 下漬けラッキョウの調製が面倒

A 畑で首と根を切り落とす

畑から掘り上げたラッキョウの調製はハサミで粒の首と根を切り落とすと作業が手早く進む。下漬け中に切り落とした部分の葉が伸び、二次加工のときには再調製が必須になるので、この調製は粗い調製でよい。

Q02 ラッキョウの表面が緑色になっている

A 栄養的には問題ないが…

栽培中、ラッキョウが土から出ていて、葉緑素が出てきた。あるいは収穫してから日光に当たり、葉緑素が出てきた。葉緑素があっても栄養的には問題はないが、ラッキョウ漬けとしては品格が下がる。ラッキョウを栽培しているなら適切な栽培管理をしてラッキョウの玉のところが土から露出しないようにする。また、収穫後は日光に当たらないような管理をする。原料を購入しているなら緑化したラッキョウの購入は避ける。

Q03 下漬け用に調製したラッキョウに緑の芽が伸びる

A 二次加工のときに再度調製

ラッキョウは塩が浸透して細胞が破壊されるまで成長が続く。塩が完全に浸透するまでは芽や葉が伸びてくる。二次加工のときに再度調製するので、塩漬けのときの調製は少し粗くてもよいから手早く行なう。

Q04 下漬けラッキョウの洗い方がよくわからない

A 洗い桶に泥つきラッキョウと水を入れ、互いにこすり合わせるようにゴシゴシと洗い、泥と表面の枯れた薄皮をこすり落とす

洗い桶に板を差し入れ、ガシャガシャとかき混ぜると、泥と薄皮が取れる。水が汚れてきたら、水はどんどん替えて、洗う。板を使ってよく洗った後、両手でラッキョウをすり合わせて、泥のついた表面の薄皮を除くように洗う。このときも水の濁りが出なくなるまで、水を取り替えながらよく洗う。水が濁らなくなったら、ラッキョウを水から上げて、水切りをする。

Q05 下漬けラッキョウを塩と一緒に入れ差し水したら、塩が容器の底に落ちてしまった

A ラッキョウを少し入れたら塩を少し振り、その上にラッキョウを入れて塩を振る繰り返し

漬物容器にラッキョウを少し入れたら塩を少し振り、その上にラッキョウを入れて塩を振ることを繰り返し、残った塩をラッキョウの上部にのせればがよいが、ラッキョウの間に振り込む塩は少量でよく、大半はラッキョウの上部にのせる。

ラッキョウの下漬けでは塩水を差し水として使うのでラッキョウとラッキョウの間にある塩はどうしても必要というわけではない。ラッキョウの上部に全量の塩を置き、容器の端から差し水を注ぎ入れても、ラッキョウの上部近くまで差し水・漬液がくるので、ラッキョウの上部に置いた塩は漬液に溶けたり、漬液の中を結晶のまま下のほうへ落ちて行く。

塩が漬物容器の底に落ちたラッキョウ漬けは、そのままでは塩が均一に浸透しにくいので、漬物容器の中のラッキョウの手入れ、かき混ぜることを繰り返し行なえば均一に漬けることができる。

Q06 下漬けに重石は必要なのか

A ラッキョウの下漬けで重石は必要

中のラッキョウがペタンコになるほど重い重量をかける必要はない。ラッキョウが浮き上がらないよう、漬液の中に収まり、空気にふれない程度の重量で十分。小石をプラスチック袋に詰めた重石でもよいし、水をプラスチック袋に入れた重石でもよい。昔の農家ではカメに入れてふたをし、庭先に置き、時々転がす「けとばし漬け」「ころがし漬け」という方法も行なっていたように、ラッキョウは重石をかけずとも塩水に浸かっていると上手に乳酸発酵させることができる。

Q07 なぜラッキョウ下漬けは撹拌するのか

A そのままでは塩分がムラになる

ラッキョウの下漬けはそのままじっとしておいたら漬物容器の底の塩分が濃くなる。塩分を均一にするため、１、２回、全体をかき混ぜる。「ころがし漬け」のように１日に数回撹拌すると塩分も均一になり、乳酸発酵も順調に進む。

Q 08 下漬けラッキョウはすぐに使わなければいけないか

A 発酵が進みすぎると風味が悪くなる

ラッキョウは適度な乳酸発酵により風味がよくなるが、発酵が進みすぎると乳酸の量が多くなり、酸味が強くなりすぎるとともに乳酸によって組織が軟らかくなり、パリパリとした歯切れがなくなる。適度に乳酸発酵が進んだところで二次加工の甘酢漬けの材料とする。

保存する場合は乳酸発酵を止めるため、5％程度の食塩を加える。保存期間が長期になる場合は塩の量をさらに増やす必要がある。漬液はそのままにして、ラッキョウ重量の5％の塩をラッキョウの表面に振り込み、手で押しながら、塩を漬液に混ぜる。ラッキョウ全体をかき混ぜて塩を溶かしてもよいが、全体をかき混ぜると塩が底に沈んでなかなか溶けないこともあるので、上部の漬液の食塩濃度を高くし、徐々に下部の漬液に溶け込ましていく。

Q 09 貯蔵中の容器はどのようなものがよいのか

A ふたのできる容器、しっかりした覆いを

ラッキョウを漬け込んだ容器は、ごみや虫などが中に入らないよう、容器に合ったふたをして保存する。容器に合ったふたがないときはポリエチレンシートで覆う。

また、容器に合ったふたをしたときでも、ポリエチレンシートで覆って、ごみや虫が入らないようにする。また、長期間保存すると水分が蒸発するので、水分の蒸発を防ぐためにもしっかりと覆いをする。

Q 10 塩漬けしたラッキョウを商品として販売したい

A 塩漬けしたラッキョウをそのまま食べる漬物とするのか、二次加工を前提とした加工素材とするか、によって食塩濃度や漬け込み期間を変える

ここで示した食塩濃度は約7％であり、そのまま食べる漬物としては塩分が多い。あくまで、二次加工を前提とした漬物である。ラッキョウの塩漬けとしてそのまま食べるのなら塩分は2～3％で漬け込む。

食塩濃度7％で漬け込んだラッキョウを塩漬けとする場合は、塩漬け途中の塩が十分に浸透していないものを利用する場合と、完全に塩が浸透しているものを利用する場合がある。塩漬け途中のものは、塩の浸透にムラがあるので品質を一定にするのが難しい。完全に浸透しているものを利用する場合は脱塩することで塩分を低下させることができるし、一定の品質のものを調整しやすい。

酢漬け

ラッキョウの甘酢漬け

【ラッキョウの甘酢漬けのポイント】
・色と歯切れのよい原料を使う
・ていねいな調整できれいに仕上げる
・甘酸が浸透したら早めに食べる

製造工程

●ラッキョウ甘酢漬けの材料

ラッキョウ…１kg（調整塩抜き）
食　酢…４００mℓ
砂　糖…３７５g
トウガラシ…１本

●塩漬けラッキョウの調製

塩漬けラッキョウは水でサッと洗って、表面についている漬液を洗い流してから調製作業を行なう。下漬けのとき、ラッキョウの首は少し長めに残し、根のほうも少し残してあるので、この部分を切り取り、整形・調製する。根側のほうはラッキョウがふくらみ尻のように丸く、繊維が巻き込んでいるので、このラッキョウの繊維を切らなければ塩出しの効率が非常に悪くなる。根側の切断面から芯が飛び出ないよう、でも、ちょっともったいないなと思えるくらい切る。また、このとき表面の硬い薄皮が取れるようなら、取り除く。

調製が終わったら、容器にラッキョウと水を入れ、手でちょっと強めに攪拌して、洗う。これにより調製したときのカスや表面の硬い薄皮が取れる。水を替えて２、３回繰り返す。

脱塩はそのまま食べても塩辛く感じない程度から、ほとんど塩味を感じない程度とする。

●ラッキョウ甘酢漬けのつくり方

①下漬けラッキョウはサッと水洗いする。
②ラッキョウの首部と根部を切る。
③容器に調製したラッキョウと水を入れる。
④水を時々攪拌し、数時間おきに水を交換する。
⑤一昼夜、水にさらし、塩抜きする。
⑥塩抜きの終えたラッキョウは、ざるに上げて水を切る。
⑦酢と砂糖を合わせ、調味液をつくる。
⑧脱塩したラッキョウとトウガラシを容器に入れ、調味液

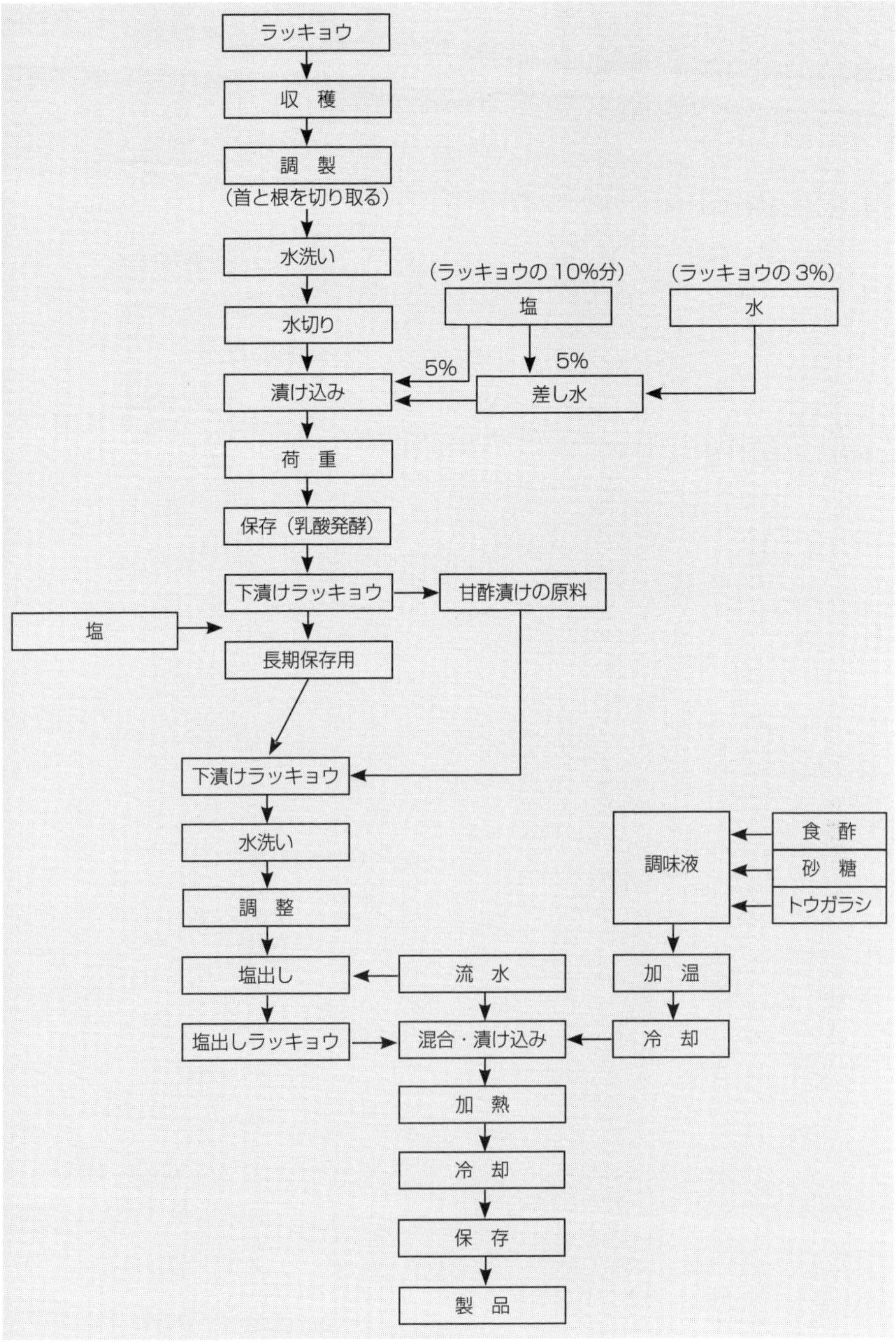
ラッキョウ
収　穫
調　製
（首と根を切り取る）
水洗い
水切り
（ラッキョウの 10%分）
塩
（ラッキョウの 3%）
水
5%
5%
漬け込み
差し水
荷　重
保存（乳酸発酵）
下漬けラッキョウ
甘酢漬けの原料
塩
長期保存用
下漬けラッキョウ
水洗い
調　整
塩出し
塩出しラッキョウ
調味液
食　酢
砂　糖
トウガラシ
加　温
冷　却
流　水
混合・漬け込み
加　熱
冷　却
保　存
製　品

ラッキョウの甘酢漬けの製造工程

を注ぎ込む。

⑨時々撹拌する。約2週間で味がなじむ。

ラッキョウの甘酢漬けQ&A

Q 01 塩抜きを効率的にするにはどうする

A 塩抜きはラッキョウの大きさ、下漬け時の食塩量、調整状態、塩抜き用の水量とラッキョウの割合、水の撹拌・交換状況によって異なってくる

とくに、下漬けラッキョウの調整で根部のところの切り方によって塩の抜け方は著しく異なる。根をきれいに切り取るように包丁を入れるとラッキョウのふくらんだ尻も少し切り取ることになるが、このくらい切ると塩の抜けがよくなる。ラッキョウの尻に傷をつけることなく根部の調整をするとラッキョウの内部に入った塩分はなかなか抜けない。

流水で塩抜きするのが手軽。調整したラッキョウを容器に入れ、水道のホースを容器の底に差し込み、水をチョロチョロ流す。水道のホースが容器の底に行っていないと容器全体の水が交換されないため、塩抜きの効率が非常に悪くなる。時々全体を撹拌することも忘れない。手入れをしないと塩抜きにムラが出る。

溜水の場合、手入れ、水の交換をしないと塩が抜けない。時々全体を撹拌し、数時間ごとに水を交換する。溜水のときは時間が経つと水が白く濁ってきたりするが、水の濁り具合を水交換の目安にするとよい。

手入れをするとき、ラッキョウの塩味を確認する。外側は早く塩が抜けるが、内側の塩は徐々に抜けていく。塩味を完全に抜いてもよいが、わずかに残っているところで塩出しは終了する。

Q 02 調味液のつくり方は？

A 食酢と砂糖で調味する

甘酢漬けなので、食酢と砂糖で調味する。ステンレスの鍋に食酢と砂糖を入れ、弱火にかけ、撹拌して砂糖を完全に溶かす。砂糖が溶けたら火から下ろし、室温に冷ます。ここに記した配合だと漬け上がりの糖は21％、酸は0.9％となり、甘味が濃いめになっている。

甘味、酸味は好みで変えてかまわないが、甘味、酸味を控えると保存性が短くなってくる。また、酢や糖の種類も好みのものが使えるが、使用する酢や糖の種類によって仕上がりの味、香、色が変わってくる。

トウガラシは好みで加えるが、辛味がビリビリといつま

でも強く舌や口に残るようなことはしない。ラッキョウ漬けの個性や特性を生かすことが大切で、ピリ辛風味のラッキョウ漬けの場合でもラッキョウが主役であることを忘れないようにする。トウガラシの種やワタをそのまま入れるとえぐみが出るので取り除く。トウガラシは大きなまま入れてもよいし、小口に切って入れてもよい。

Q03 調味漬けの漬け込みの期間はどのくらいか

A 2週間ほどで味がなじむ

塩抜きしたラッキョウと調味液を容器に合わせ、時々攪拌すれば2週間程度で味がなじんでくる。味がなじむと調味液とラッキョウの比重が同じになるので調味液に浮いていたラッキョウが沈み始める。

Q04 ラッキョウ甘酢漬けの保存はどのように？

A 長くおくと品質が低下する

ラッキョウ甘酢漬けは長くおくと歯切れが低下し、色も褐色を帯びてくる。必要に応じて時々つくるほうがよい。また、小袋やビンに詰めて加熱殺菌して保存することもできる。このとき、加熱温度が高いとラッキョウの歯切れが低下する。

殺菌条件は容器の大きさにもよるが、75℃、15分を目安にする。絶対に温度を75℃以上に上げてはいけない。

Q05 ラッキョウを下漬けせずに調味液に漬けたい

A 下漬け後、加工するのがおすすめ

ラッキョウを下漬けせずに調味液に漬け込むと辛味が残り、透明感のない仕上がりになる。また、漬けるときに調整した首部の切り口から葉が伸び切り口が乱れてくる。自家用として消費するには問題はないが、販売用としては見た目が悪くなる。商品とするなら下漬けしたのち、甘酢漬け加工することをすすめる。

しば漬け

【しば漬けのポイント】
- ・梅干し副産物の赤梅酢に野菜を漬け込む
- ・赤紫色でスッキリ、サッパリした味
- ・旨味は醤油とみりんで

特徴

しば漬けには大きく分けて、①ナスや赤ジソなどの赤色の出る材料に塩を加えて漬け込み、乳酸発酵させ、生成された乳酸によってナスや赤ジソの赤色色素を発色させる漬け方、②赤梅干し製造の副産物である赤梅酢や赤ジソの梅酢漬けを利用し、これらに含まれる塩分と酸、色素によって色と風味をつける漬け方、③野菜を下漬けし、これに別途調整した色素液や調味液を合わせ、色と風味をつける漬け方がある。

乳酸発酵させる漬け方は、原料の配合と漬け込み後の温度管理によって発酵度合いが異なるので、均一な製品をつくるには正確な配合と温度管理が重要になる。

赤梅干し製造の副産物を使う漬け方は、赤梅干し製造に使われる梅の品種・品質によって酸味が変わるので、梅の品種・品質などしば漬けの副材料の品質管理も重要になる。

下漬け野菜に別途調整した色素液や調味液を合わせる漬け方は、色調や風味の漬け方では品質が安定し、品質管理も楽になるが、いかに個性、特徴を出していくかが重要となる。

ここでは赤ジソを使った赤梅干しの副産物として大量にできる赤梅酢と赤ジソの梅酢漬けを利用した野菜類の漬物について記す。

赤梅干しは完熟ウメにウメの重量の18％の食塩と赤ジソを加えて漬け込む。漬け上がり時には赤梅酢がウメ重量の30％くらいできる。10kgのウメを漬け込めば、3kgくらいの赤梅酢が副産物として出てくる。

写真1　しば漬け

また、赤ジソの梅酢漬けはウメの10％程度の赤ジソを使うと８～９％程度の赤ジソの梅酢漬けができる。10kgのウメには１kgの赤ジソを使用し、８５０ｇくらいの赤ジソの梅酢漬けができる。

この全部あるいは一部を赤梅干しに混ぜて利用するが、赤梅干しは濃赤紫色をしているのでほとんど利用しなくてもよい。

いずれにしても赤梅干しに混ぜない赤ジソの梅酢漬けは、かなりの量が残るので、漬物の副材料や料理材料、あるいは「ゆかり」やふりかけに利用する。

赤梅酢には15％の塩分と2～３％の酸が含まれている。さらに赤ジソの色素が抽出され、濃い赤紫色を呈している。赤ジソの梅酢漬けも同じような塩分と酸、色素を含んでいる。これを有効に利用するために調製する漬物である。

製造工程

●赤ジソの調製

【原料】

赤ジソ葉　１kg

※赤ジソを調製して太い葉柄と茎を除くと半量くらいになる

塩　１３５ｇ＋75ｇ

白梅酢　２００ｇ

【赤ジソの調製】

① 赤ジソは葉柄と茎を除く。

※硬い葉柄はすべて除く。破れている葉は残すが、病変・腐敗している葉は除く。

② 赤ジソを水でよく洗う。

※土ぼこりや虫を洗い流す。

③ 赤ジソの水をサッと切り、塩１３５ｇを加え、よくもむ。

※ブクブクとした泡と紫色の汁が出てくる。

④ 紫色の汁をしぼり、捨てる。

⑤ もんだ赤ジソを広げ、塩75ｇを加え、よくもむ。

※きれいな紫色の汁が出てくる。

⑥ 紫色の汁をギューッとしぼり、しぼった赤ジソをポリエチレン袋に入れる。

※しぼった赤ジソの重量は７５０ｇとなる。

⑦ ⑥のポリエチレン袋に白梅酢２００ｇを加え、赤ジソをもんで、赤紫色に発色させる。

※出来上がり重量は９５０ｇ

⑧ 冷暗所に保存し、梅漬けの色づけに用いる。

【赤梅漬けの調製】

ウメの漬け込み

完熟ウメ３kg＋塩５４０ｇ＋白梅酢１５０ｇで漬け込む。

梅酢が上がったら赤ジソの梅酢漬けを加える。

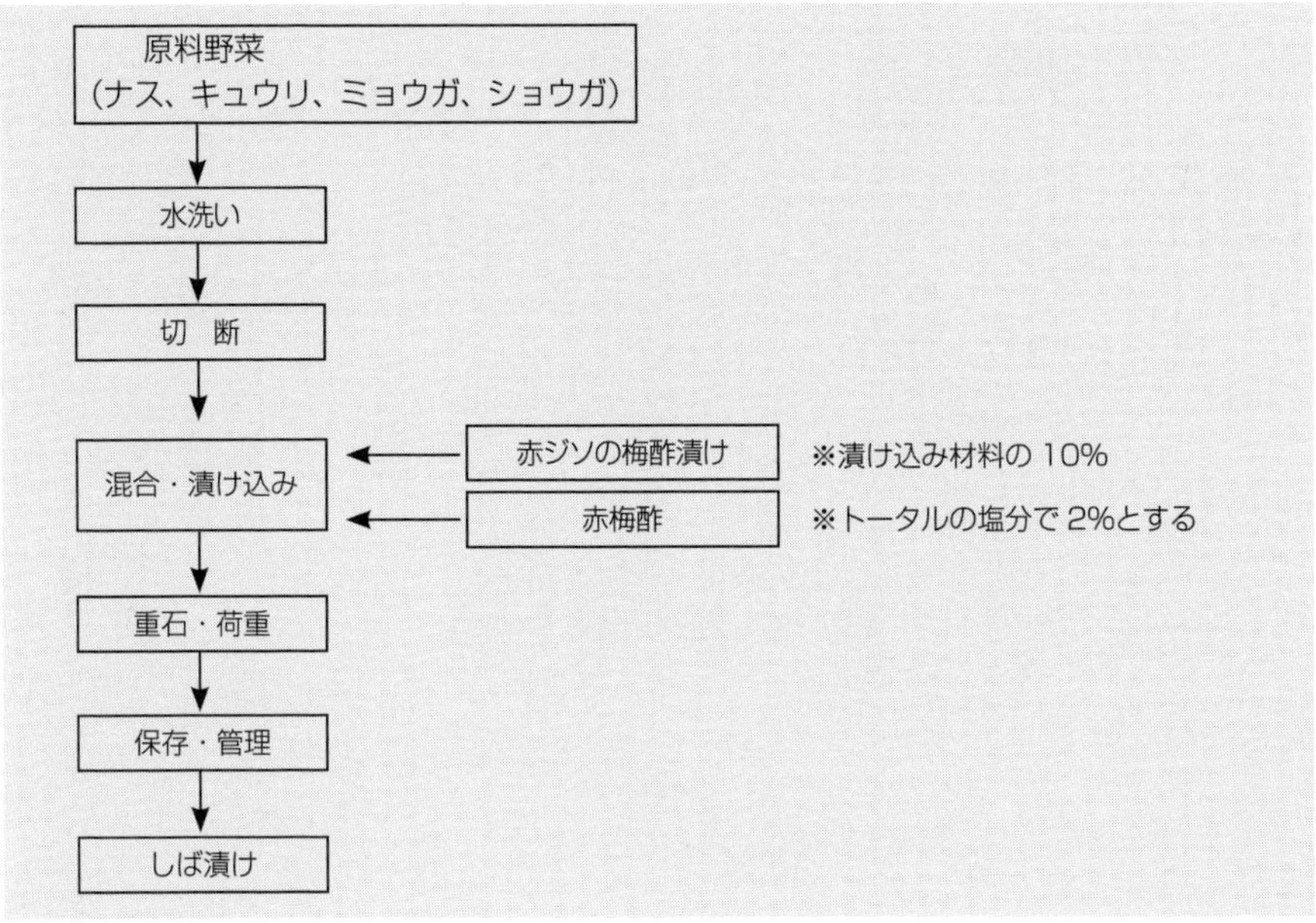

しば漬けの製造工程

漬け梅　2.5kg
梅酢　1.2kg
赤ジソ漬け　150g
漬け上がり
赤ジソ漬け　250g
赤梅酢　1.1kg
赤梅干し（干し上げ）1.6kg

※赤梅干しをつくると原料ウメの半量が副産物の赤ジソ漬けと梅酢となる。

●しば漬けの漬け込み

【材料】

ナス　800g
キュウリ　1kg
ミョウガ　300g
ショウガ　50g
赤ジソ葉梅酢もみ（塩分15%）（野菜の10%）215g
赤梅酢（塩分15%）（トータルの塩分で2%）75g

【製造方法】

①ナスは縦半分に切ってから2cm厚に切る。
②キュウリは2～3cm厚の半月に切る。
③ミョウガは縦に四つに切る。
④ショウガは薄く切る。
⑤赤ジソ葉梅酢もみは、からまった葉をほぐす。

⑥容器に①～⑤の材料を混ぜ合わせながら容器に入れる。
⑦容器に野菜を全部入れたら、赤梅酢を全体に振りかける。
⑧容器の中の野菜に荷重をかける。
⑨２～３日後に天地返しをする。
⑩５～７日ほどで漬け上がる。

漬け込み量：２・４４kg
固形分量：1.5kg
漬液量：８００g

※５～７日で野菜に赤梅酢の味が浸透する。また、保存している環境温度により若干の差があるが、このころから乳酸発酵が始まる。

※漬け上がった野菜の汁気を軽くしぼって取り出し、そのまま、あるいは適当にきざむ。味がサッパリしているので少量の醤油とみりんを振りかけると旨味とコクが増す。

しば漬けQ&A

Q 01 野菜と赤ジソの葉を塩で漬け込んだがきれいな赤紫色にならない

A 野菜と赤ジソの葉を塩で漬け込んだ直後は酸がほとんどなく、赤ジソやナスに含まれる色素は赤紫色に発色しない

時間の経過とともに乳酸発酵が進み、乳酸が生成され酸味が強くなると赤ジソやナスに含まれる色素が発色する。しかし、乳酸が生成されるまでに時間がかかると赤ジソやナスの色素が変化し、きれいな赤紫色に発色しなくなることがある。漬け込み時に酸性にするような配合としたり、赤ジソは梅酢などを使ってあらかじめ発色させたものを利用する。

Q 02 赤梅干しをつくっていないので赤ジソ梅酢漬けをつくれない

A 赤ジソの梅酢漬けは赤ジソをアク出しした後、梅酢に漬けて色素を発色させる

梅酢にはクエン酸とリンゴ酸が含まれて、これらの酸が赤ジソの色素を赤紫色に発色させる。食品添加物として入手できるクエン酸と塩を使えば赤ジソの梅酢漬けと同じようなものはつくることができる。水に２～３％のクエン酸と15％の食塩を溶解すればよい。

Q 03 しば漬けの副材料に食酢を少量加えたらすっぱい香りが鼻につくようになった

A 食酢に含まれる酢酸は揮発するので、すっぱい香を感じる

クエン酸や乳酸などは揮発しないので酸味は感じるがすっぱい香りはしない。すっぱい香りをさせないためには揮

発する酢酸を含む食酢ではなく揮発しないクエン酸や乳酸の利用を考える。

Q 04 しば漬けを漬け込み、20℃くらいのところに保存していたら味が急激に変わった

A しば漬けを漬け込み、20℃くらいのところに5日～1週間くらい保持すると乳酸菌や酵母の活動が活発になり糖分が減少し、乳酸が増加し、香り成分も生成される

野菜類に含まれるわずかな甘味が減少し、酸味が増加する。また、酵母が増殖すれば発酵により香り成分も生成されるので風味が急激に変化する。乳酸菌や酵母の増殖、活動はしば漬けの風味・香りを特徴あるものにするが、微生物の増殖がすぎると野菜の軟化や異味、異臭の発生となるので、微生物の増殖にかかわる塩分、温度、漬け込み・保存期間などの管理に注意する。

Q 05 下漬け、保存漬け材料でしば漬けをつくりたい

A 下漬けの野菜や保存漬けの材料を使うときは食塩の量が問題になる

下漬け野菜は塩分が2～3％以上あると塩分は加えにくいので、塩抜きして漬け込み材料とする。また、調味液に食塩を含まない配合とする。保存漬けは食塩が高濃度に含まれているので塩抜きして漬け込み材料とする。

塩抜きは水を使えば、一番手軽だが、材料に水を吸い込ませることになる。なるべく水を吸い込ませない脱塩方法にしたり、水を吸った場合には水をよくしぼったりしてから漬け込み原料とする。

Q 06 味が単調だ

A 旨味成分を補うことで単調な味に変化、深みがつけられる

野菜と赤ジソだけで塩漬けし、乳酸発酵させた製品、赤梅酢を使用した製品では旨味成分が少ないので、スッキリ、サッパリした風味となる。漬け込み時に旨味成分を補うこともできるが、製品はスッキリ、サッパリした風味のままとし、食卓で醤油やみりんを加えることで旨味成分を補い、風味に変化を与えることもできる。

野菜ミックスピクルス

【野菜のミックスピクルスのポイント】
・塩水漬け野菜の塩分濃度は2～3％
・穏やかな香りとまろやか甘酸味の単純なピクルス
・ビン詰めで保存性を高める

特徴

●欧米の漬物「ピクルス」

「ピクルス」は英語で「漬物」のこと。日本の漬物は塩が保存や調味の主役を果たすが、欧米のピクルス（漬物）は酸が保存や調味の主役を果たす。そして、それぞれの脇役として用いられる香辛料・スパイス類が個性をつくり上げている。香辛料・スパイスは、ピクルスの漬け込み時に調整され、加えられるピックル液（漬液）に配合されるが、欧米のピクルスは酸味・甘味やスパイス・ハーブ類の香りが強い。そこで日本では日本人の嗜好にあったピックル液の配合が必要である。

写真１　野菜ミックスピクルス

ピクルスの種類としては塩漬けのピクルス、塩漬けを乳酸発酵させたピクルス、酢漬けにしたピクルスに分けられる。さらにこれらを原料にして甘味やスパイス・ハーブ類を加えたピクルスがある。材料の野菜も一種類だけのピクルスといろいろな野菜を混ぜたピクルスとがある。

また、それらの原料を原形に近い形で使うものと、いろいろな大きさに切って使うピクルスがある。

●農村加工でのピクルスの生かし方

材料にする野菜は、キュウリ、ニンジン、タマネギ、パプリカ、セロリ、カリフラワー、ダイコンなどが多いが、小さなタマネギ、メキャベツ、小さな青トマトなども材料にできる。

野菜は農家であるなら出荷規格外農産物などを利用し、いろいろな野菜類を組み合わせてピクルスをつくるのがよい（写真1）。出荷規格外農産物を利用する場合、単品原料ならば塩水漬けをしてすぐにピクルスに加工することができるが、野菜を組み合わせる場合は原料が一時期に揃わないので、保存漬けにしておき、脱塩してからピクルスに加工する。

日本では野菜ピクルスは野菜をピックル液に漬け込んだ料理としてつくられることが多く、ビン詰めの保存食品としてつくられることは少ない。

ビンに詰めたピクルスは欧米からの輸入品が多く、そのピクルスは酸味が強く、あるいは甘味が強いピクルスが多く、リピートして食べることは多くない。日本人の口に合うような風味をもったピクルスであるなら、日常の食卓で利用することもできるし、農家食堂・農家レストランでは食事のアクセントとして、ちょっと洒落っ気をもった好ましいものとなる。

●日本人の好むピクルスにする

日本人が好むピクルスの基本的なつくり方とするため、温州ミカンの糖酸量に近似した配合で、目標は酸0.8％、糖10％（糖酸比 10/0.8 ＝ 12.5）の漬け上がりとした。塩水漬けした原料に砂糖と食酢、水、香辛料（トウガラシ、コショウ、ローレル）を加えた。欧米でつくられるピクルスの特徴は、酸味と甘味の強烈さに加え、多様なスパイス・ハーブ類を使っていることである。ただ、日本人になじみのない風味、薬品臭い香りは日本人の食卓が多様化されている中であっても受け入れにくい漬物である。

このようなことからまろやかな甘酸味で、穏やかな香りをもったピクルスをつくり、日本の食卓でも喜ばれるピクルス・漬物とすることが望まれる。

原料

●塩水漬け野菜

キュウリ、ニンジン、タマネギ、パプリカ、セロリ、カリフラワー、ダイコンなどを一口大に切り、2～3％程度の食塩濃度になるように塩水漬けする。

容器によっては野菜の形状を細長く切り揃え、縦に詰めると見た目がよくなるものもあるので、最終製品の形状を考慮して、野菜の処理を行なう。容器に塩を加えながら漬け込むが、野菜はコロコロしているので、野菜の間に空間がたくさんできる。そこで差し水（2～3％の食塩水）を注ぎ込んで漬水が野菜の上にくるようにする。野菜の上に押しぶたをのせ，重石をかける。重石は野菜が浮き上がらないようにするだけの軽いものでよい。3～4日で乳酸菌が活動し始める。よく漬かり、塩が入った塩水漬け野菜をピクルスの原料とする。

漬けている時間が長いと十分に乳酸発酵し、酸味と香りが出ているから、野菜の中に含まれている乳酸や香りを流さないようにサッと水洗いし、塩分も2～3％のままにする。ただし、塩水漬けした野菜の乳酸が多く、酸味が強すぎるなら、水に浸けて酸味抜きをする。酸味を抜きすぎてもよくないので、野菜と同じ重量の水に浸け、酸が抜けても、水浸け前の酸の2分の1量にとどめる。

長期保存漬は塩水漬けした野菜に塩分を加え、塩分を20％まで高めて保存性を付与させたものである。したがって塩分が非常に高いため、十分に塩出しする必要がある。この場合には乳酸菌の生成した乳酸や香りも塩と一緒に流し出すことになり、ピックル液の香味が主になるので、同じ品質に仕上げやすくなる。

●砂糖

上白糖かグラニュー糖を使う。香りのある三温糖や黒砂糖、蜂蜜を使えば、香りがあるので個性のある香味のピクルスになる。初めは砂糖に由来する香りを加えずに、シンプルな香味のピクルスをつくるとよい。まず、香りのない砂糖を使った単純系のピクルスの製造法を確立してから、そのあとにピクルスのバリエーション、アイテムを増やす手段として、香味に特徴のある糖分を使うようにするとよい。

●食酢・ビネガー

米を糖化して、アルコール発酵と酢酸発酵を並行させれば米酢になる。リンゴを原料にアルコール発酵と酢酸発酵を並行させればリンゴ酢になる。そのほか、モルト酢（麦芽酢）や粕酢などがある。

英語のビネガーは、フランス語のヴァイン（ワイン）とエーグル（酸っぱい）が語源。そのため、フランスではヴィネーグルというとワインからつくられた酢をさす。イギリスではリンゴ酒（シードル）からつくられたビネガーもよく使われ、ビネガーというとシードルビネガーをさすことが多い。ワインを酢酸発酵させたものがワインビネガー。ワインビネガーは、米酢や粕酢に比べて酸味がやわらかいのが特徴である。

ビネガーは、メーカー・製品によって酸の含量が異なる。ちょっと面倒だが、酸の少ないビネガーを用いるときはビネガーの量を増やし、水の量を減らすことも必要になる。いずれにしても、いろいろな食酢、ビネガーのなかからこれはというものを選択しなければならない。

●ピックル液の配合割合と必要量

ピックル液の配合は漬け上がりの糖酸味の量とバランスを考慮する。漬け上がり時に酸が0.2～1.0％、糖は0～20％の範囲とするが、温州ミカンの糖酸量に近似した試作配合としては酸0.8％、糖10％（糖酸比 10/0.8 ＝ 12.5）でピクルスを調整すると日本人の好む味覚範囲に入りやすい。

野菜ミックスピクルスを塩水漬け野菜500gに食酢

(酢酸4.2%)150g、砂糖75g、水25gのピックル液で漬け込む場合、糖分10・0%、酸0・84%で調整すると、糖酸比は11・9となる。このようなモデル系を調整し、酸と糖の強弱・バランスを確認するのがよい。もっと手早く確認したいときは塩水漬け野菜の代わりに水を用い、水と砂糖、食酢だけでつくった単純系のピックル液で酸と糖の強弱・バランスを確認し、このモデル液である程度の目星をつけておき、野菜、スパイス類を加えた試作を行ない、材料の選択と配合の修正を行なう。

塩水漬け野菜は乳酸発酵し、乳酸を保持しているので、ピックル液に含まれる酸味以上にピクルスの酸味が強く感じられことがある。このときは塩水漬けの乳酸発酵を有効に利用し、ピックル液の食酢の配合を減じることを考える。

ピックル液の必要量は容器・ビンと野菜の形状によって変わる。野菜がコロコロしているとビンに入れたときに野菜と野菜、あるいはビンとの間の空間が大きくなり、ビンの容量の半量くらいのピックル液が必要になる。ビンに野菜をすき間なく詰めることができると空間が小さくなり、ビンの容量の20%程度で十分になる。

●スパイス

スパイス類は手近にあり使い慣れているスパイス類を使う。

トウガラシは一口食べたら冷や汗が出るような辛さをもったものから、マイルドな辛さのものまでいろいろあるので、辛味の強いものが好みの人はちょっと辛味を強く、辛味の苦手な人は控えめに使うこと。トウガラシを使うときに気をつけなければならないのは、辛味を控えること。トウガラシの辛さは口に残る辛さなので、辛すぎる場合、そのあとに食べる食べ物の味がわからなくなってしまう。ピクルスは辛味を前面に出す食べ物ではなく、さわやかな香味とそのバランスを大事にするものであり、辛味は控えめにしなければならない。

コショウは粒あるいは粗びきをごく少量。

ローレルは容器・ビンの大きさにあったものを1~2枚入れる。装飾的な効果もある。

ほかにショウガ、マスタードシード、オールスパイス、クローブ、ディル、シナモンなどもあるが、ショウガ以外は使用量を極々わずかにおさえる。

製造工程

野菜ミックスピクルス製造工程を次ページの図に示す。

●野菜の塩水漬け

野菜は目的の形状に整形して塩水に漬ける。軽い重石をして、乳酸発酵させる。乳酸発酵の程度は使用する野菜の

〈原料と仕上がり量〉

原料：塩漬け野菜（キュウリ、ニンジン、タマネギ、パプリカ、セロリ、カリフラワー、ダイコンなど）500g、ピックル液（砂糖 75g、食酢（酸 4.2%）150g、水 25g）、スパイス類 1 ～ 2g

仕上がり量：製品 500 ～ 400g、漬液 250 ～ 350g

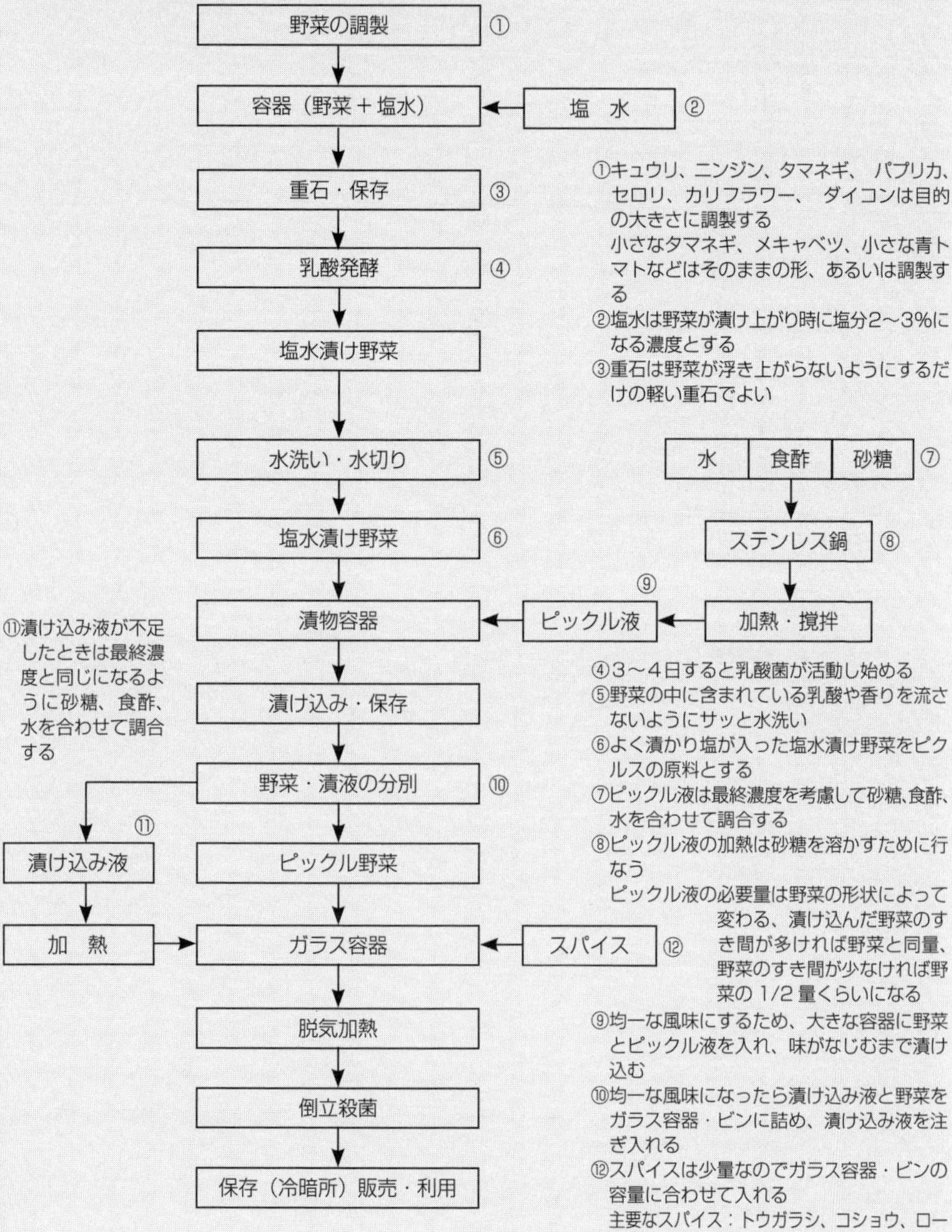

①キュウリ、ニンジン、タマネギ、 パプリカ、セロリ、カリフラワー、 ダイコンは目的の大きさに調製する
小さなタマネギ、メキャベツ、小さな青トマトなどはそのままの形、あるいは調製する

②塩水は野菜が漬け上がり時に塩分2～3%になる濃度とする

③重石は野菜が浮き上がらないようにするだけの軽い重石でよい

④3～4日すると乳酸菌が活動し始める

⑤野菜の中に含まれている乳酸や香りを流さないようにサッと水洗い

⑥よく漬かり塩が入った塩水漬け野菜をピクルスの原料とする

⑦ピックル液は最終濃度を考慮して砂糖、食酢、水を合わせて調合する

⑧ピックル液の加熱は砂糖を溶かすために行なう
ピックル液の必要量は野菜の形状によって変わる、漬け込んだ野菜のすき間が多ければ野菜と同量、野菜のすき間が少なければ野菜の 1/2 量くらいになる

⑨均一な風味にするため、大きな容器に野菜とピックル液を入れ、味がなじむまで漬け込む

⑩均一な風味になったら漬け込み液と野菜をガラス容器・ビンに詰め、漬け込み液を注ぎ入れる

⑪漬け込み液が不足したときは最終濃度と同じになるように砂糖、食酢、水を合わせて調合する

⑫スパイスは少量なのでガラス容器・ビンの容量に合わせて入れる
主要なスパイス：トウガラシ、コショウ、ローレル
追加するスパイス：ショウガ、マスタードシード、オールスパイス、クローブ、ディル、シナモン

野菜ミックスピクルスの製造工程

品質とも関係するので、軽い乳酸発酵とするか、十分に乳酸発酵させるか判断する。繊維が硬いものは十分に乳酸発酵させて繊維をやわらかくすることも必要になる。しかし、野菜が歯切れを失うようになるまで乳酸発酵を進めてはならない。野菜の塩水漬けを調整してもすぐにピクルス加工しないならば20％程度の濃い塩水で保存漬けとし、ピクルス原料として保存し、必要に応じて脱塩して原料とする。

●塩水漬け野菜の処理

塩水漬け野菜をサッと水洗いし、水を切る。

●ピックル液をつくる

ピックル液はステンレス鍋に水、食酢、砂糖を入れて合わせ、これを火にかけて温めながら攪拌し、砂糖を完全に溶かして均一な溶液にする。

ピックル液の必要量はガラス容器・ビンに詰めた塩水漬け野菜の空間部分を満たす量となる。塩水漬けした野菜の形状により、空間部分の体積が大きく異なり、コロコロした野菜、小タマネギやメキャベツなどは空間部分が大きくなる。小タマネギやメキャベツなどを容器やビンにきっちり詰めても容積の半分程度であり、容積の半分はピックル液を入れなければならない。しかし、カット整形した野菜の塩水漬けではガラス容器・ビンにしっかり詰めると空間はかなり小さくなり容器・ビンの容積の20％程度のピックル液を入れれば十分になることもある。

●ピックル液の甘酸味

欧米で調整されるピクルスは日本人にとっては甘すぎたり、すっぱすぎるものが多い。そこで、温州ミカンの甘酸味を参考にして糖（砂糖）と酸（食酢）を配合し、この味を原点にして、味の調整を行なう。甘みの強いスイートピクルスにするときは糖を加え、酸味のあるサワーピクルスにするときは食酢の量を増やしたり、糖を減らして酸味を強調する。このようにピックル液の酸味と甘味の調整により、スイートピクルスから酸味の強いサワーピクルスへの展開もできる。

●塩水漬け野菜のピックル液漬け込み

野菜ミックスピクルスのビン詰めをつくるとき、1本のビン詰めしかつくらないならビンの容量とビンに入れた野菜の量から甘酸味を計算して、1本に仕込めばいつも同じ甘酸味にすることができる。しかし大量に調整し、同時に複数本、とくに小ビンのピクルスを同じ甘酸味にするには、塩水漬けした野菜をビンに詰め、それにピックル液を注ぐことでは均一なものをつくるのに多大な労力を要する。同じ風味のビン詰めをつくるには、一度全部の野菜を同じピックル液に漬け込んで、均一な風味に仕上げてから小分けしたほうが簡便である。そのため、大きな容器にすべての野菜とピックル液を入れ、甘酸味が同じ野菜のピクルスにしておけば、ビンに入れるときの労力が減少する。工程が複雑になるが、安定した品質のものを簡便につくることができる。また、スパイス類は大きな容器に漬け込むときに入れると野菜を小分けするように均等に入れるのが面倒になるので、小分けする容器・ビンに直接入れるほうが簡便である。

●ピックル液に漬け込んだ野菜と漬液の分別

塩水漬け野菜にピックル液の風味が浸透したら、容器・ビンに詰める。一度ピックル野菜と漬液を分け、ピックル野菜を容器・ビンに詰める。ピックル野菜にバラエティーがあるなら、どれも同じようなバラエティーがあるように詰めていく。ピックル野菜を詰め終えたら、スパイス類も加える。

●ピックル液の量

ピックル液は容器・ビンに詰め込んだピックル野菜が完全に浸るくらい入れる。ピックル野菜が液からとび出ていると保存期間が長くなるにつれ褐色に変色するので注意する。容器・ビンにピックル野菜をキュッキュッと詰める。最後に詰めたピックル野菜が容器の口から盛り上がるなら、そのピックル野菜は外す。容器・ビンに対してどのくらいの量のピックル野菜が入るか確認し、それに対し空間を満たすに必要なピックル液の量も確認する。

●ピックル液（漬液）は80～90℃に加熱して注ぎ入れる

分別したピックル液（漬液）をろ布で漉してから、ピックル液を80～90℃に加熱して、ピックル野菜とスパイス類を詰めてある容器に注ぎ入れる。加熱したピックル液を入れるため、ガラス容器の場合温度差が大きいと割れる可能性があるので、ガラス容器を熱くしてから、手早くピックル野菜を詰める必要がある。漬液を加えたら容器のふたをして、倒立放冷する。

ピックル野菜と容器の温度が低く、容器に詰めたピックル液の温度が75℃以下に下がるようなら、容器に入れた後、75～80℃の湯に浸けて、温度を上げてからふたをして、倒立放冷する。

温度の下がったピックル液を取り出し、再度熱いピックル液を入れ直して容器内を75℃以上にしてもよい。あるいは予備加熱として容器に詰めたピックル野菜を短時間、蒸し器などに入れて温度を上げ、注入したピックル液の急激な温度低下を防ぐこともできる。

ピックル液の温度が低いと殺菌が不十分なため、長期保存できなくなる。熱いピックル液をガラス容器に入れるのがポイントになる。

包装および製品の保存

ピクルスの容器には、手近にある清潔な容器、用具を用いる。できれば、強い酸を使うので酸に強いもの、長く保存する場合は密封、加熱殺菌も必要となるので、ガラス製のきちんとふたのできる保存びんが適当である。それとともに商品として販売するにしても、家庭で消費するにしても、大きな容器につくるのか、小さな容器につくるのかは考えねばならない。

プラスチック袋も酸に強く、ピクルスの包装容器として使える。プラスチック袋はガラス容器＋スチール製のふたに比較するとガスの透過性が大きく、保存期間が長くなると包装資材を透過する酸素によってピクルスが酸化され、褐変する。

数週間という短期の場合は品質変化が少ないので問題とはならないが、半年・1年というような比較的保存期間の長い場合はプラスチック袋に包装しない。

写真2　キュウリのピクルス

ピクルスは液の風味が野菜になじめば、その後の味は大きく変化することはない。保管する温度にもよるが、1～2カ月を過ぎれば風味がなじんでくる。

開封したビンは微生物の攻撃を受けるので、日持ちしない。表示には、開封したら冷蔵庫（10℃以下）に入れて保存し、早く消費するように明記する。

野菜のミックスピクルスQ&A

Q 01 容器に野菜を入れたが、容器が小さいのでうまく入らない

A 野菜の量とピックル液量を優先し野菜の形状を検討

野菜は絶対に丸ごと1個の原形であったり、大きい切り方にしなければならないものではない。小さくカットしたピクルスでもよいこともある。ピクルスの利用法を考えて野菜の形状を決める。販売する場合、固形物量と液量が問題になるので、無理なく、安定的につくることができる野菜の形状と容器の形状・大きさを決める。

Q 02 ピックル液に漬け込んだ野菜を分別しビンに詰め、漬液を入れていたら漬液が足りなくなった

A 漬液と同じ糖酸比の液を補充

本来ならばあってはならないこと。緊急対策として、漬液と同じ甘酸味の糖酸液を調整し、加熱して充填する。

Q03 ガラス容器に熱いピックル液を注入したら容器が割れた

A 熱い容器に熱いピックル液を入れるのが基本

ガラス容器は温度によって膨張・収縮するので、大きな温度差があると割れることがある。熱いガラス容器に熱いピックル液を注入する。熱いガラス容器に塩漬け野菜やピクルスを詰めると、その間に温度が下がるなら、ピックル液を注入する前に蒸し器に入れ、容器の温度を上げる。蒸し器に入れることは容器だけでなく、塩漬け野菜やピクルスの温度を上げる効果もある。

Q04 ふたを金具で押さえる保存容器を倒立するとピックル液が漏れた

A 事前に容器に水を入れて確認しておく

保存容器はガラス製だが、ゴムやシリコンのパッキンを金具で押さえて密封するようになっている。ガラス容器の口のつくりが悪かったり、押さえ金具の調節がよくないとすき間ができ、ピックル液が漏れる。熱いピックル液が吹き出るとやけどをすることになるので、使用前に水を使って漏れがないかを確かめる。

Q05 長期保存用ということでつくったがしばらくすると微生物が生えてきた

A 殺菌不良あるいは容器密封不良

①殺菌不良が原因―❶容器に入れたピックル液の温度が低かったことによる。容器のふたをしてからピックル液が75℃、30分の条件を満たす必要がある。❷容器の温度が低かったことによる。熱い容器に熱いものを入れるのが、容器充填の鉄則。容器の温度が低いなら熱くする。熱い容器もゆっくりと作業するとすぐに室温になるので、手早い作業をする。❸容器に入れた野菜に対し、熱いピックル液の量が少なかったため、容器内の温度が下がったことによる。75～80℃の湯に浸けて容器内の温度を上げる。または、温度の下がったピックル液を取り出し、再度熱いピックル液を入れ直す。

②密封不良が原因―容器の口のしまりが悪く、保存中に微生物汚染した。容器に充填後、倒立すると容器の口が完全にしまっていないものはピックル液が噴き出したり、ピックル液の中を泡が上がっていくので、容器の口のしまりは確認できる。容器を密封したなら必ず倒立し、口のしまりを確認する。

Q06 ピクルスのビンの外側にカビが生えた

A 容器の汚れをとっておく

容器の外側が汚れているのが原因。対策としては、❶ピクルス製造時に汚している場合は倒立放冷が終わった段階で、容器の外側をきれいに洗浄する。❷容器にピックル液を注ぎ込むとき、道具や装置を用いて、汚さないようにする、などがある。また、容器にピックル液を注ぎ込むとき、ピックル液をあふれさせないよう目視で注意するが、道具や装置を用いて、作業負担を軽減することも必要。

Q07 ピクルスが褐変した

A 漬液の量、保管温度、容器の材質などをチェックする

①保存容器内の上部の野菜がピックル液から出て、褐色になった場合—野菜はピックル液に完全に浸すことが重要。ピックル液に漬けたばかりの野菜は比重が軽いので上部に浮く。時々容器を回転させ、野菜とピックル液が速やかに同じ濃度・比重になるようにする。

②ピクルス全体が褐色になった場合—材料として加えた砂糖が分解され、還元力のあるブドウ糖などの還元糖に変化し、野菜やビネガーに含まれるアミノ酸と反応して褐変物質ができたことによる。この反応をとめることはむずかしいので、反応が遅くなるよう、低温に保持する。

③プラスチック容器（袋）に入れて保存したところ、ガラス容器に比べ、褐変が進んだ場合—プラスチック容器はガラス容器に比べ、酸素の透過量が多いので、酸素による酸化が進み、褐変が進む。酸素透過量の少ないプラスチック資材を包装材料に用いる。

Q08 ピクルスの野菜が塩辛い

A 塩分計量の仕方、脱塩の仕方を見直す

①塩水漬けの野菜の塩が濃かった—塩水漬けのとき、材料の重量を正確に量り、野菜の塩分が2～3％になるようにする。

②塩水漬けが終了し、保存漬けのため、塩を加えて発酵をとめた塩分が脱塩後も多量に残った—保存漬は10～20％の塩分濃度になっており、野菜の塩分が3％以下になるまで脱塩する。脱塩するときは水を数回交換するか、流し水にして、塩分を効率よく除く。また、野菜の表面に近い部分の塩分は速やかに抜けるが、中心部の塩分は抜けにくく、濃い塩分が残ることが多い。脱塩するときは野菜の中心部

の塩分が抜けているかを確認する。

Q09 ピクルスが臭い

A スパイス・ハーブの種類と量、殺菌処理を見直す

①スパイス類の使いすぎ―スパイス・ハーブ類の種類が多くないか、スパイス・ハーブ類の量が多くないか、スパイス類のバランスはとれているか確認する。

②微生物による変質―ピクルス調整時の殺菌処理を適切にする。

Q10 ピクルスの野菜がグシャグシャして歯切れがない

A 塩水漬けの加減、殺菌温度、ピックル液の酸度を見直す

①ピクルスの原料に用いた塩水漬け野菜の乳酸発酵が進みすぎて、軟化していた―原料の品質を確認し、適切な品質をもった原料を用いる。

②保存容器に詰めたピクルスの殺菌に必要以上の温度がかかった―ピクルス調整時の殺菌処理を適切にする。温度が高すぎると野菜が煮えて軟らかくなる。野菜は80℃以上になると急激に軟化していく。

③ピックル液の酸によって野菜が軟らかくなった―ピックル液の酸が強く、保存期間が長くなると野菜は軟化する。ピックル液の酸度の調整とともに品質が安定的に保たれる保存温度と保存期間を明らかにし、野菜が軟化しないうちに消費する。

Q11 野菜の種類が限られた数種類しかないが、バリエーションのある製品にしたい

A 整形の仕方、ピックル液の糖酸比の工夫でも可能

原料となる野菜の種類が限られていても、整形でいろいろな形状のピクルスにすることができる。形が小さいものであるなら、収穫した形を活かす。小さなキュウリ、小さなタマネギ、房つきの小さな青トマトのピクルス、スティック状に切り細長い容器に詰めたピクルス、サイコロ状に整形したピクルスなど、同じ材料を使っても生産者であるなら入手できる材料の形状などの特性を活かす。

また、ピックル液の糖酸バランスを変化させることによってスイートピクルスからサワーピクルスまでの多様な糖酸バランスのピクルスができる。さらに、使用するスパイス・ハーブ類によって香りの特徴を変えたピクルスもできる。

ピリ辛

ピリ辛のトウガラシを使って

トウガラシ——蒸留酒漬け、酢漬け、オイル漬け

トウガラシを使ったピリ辛系の漬物

トウガラシベースの調味料は、辛味成分を抽出する液の違いで、蒸留酒漬け・酢漬け・オイル漬けの3種類がある。蒸留酒漬けは、泡盛を使うものと焼酎を使うものを取り上げる。酢漬けは、米酢に漬けるものとビネガーに漬けるものを扱う。オイル漬けは、太白胡麻油を使うもの、胡麻油を使うもの、オリーブ油に漬けるものの三つを紹介する。

地域性を打ち出す原料へのこだわり

いずれもトウガラシの辛味成分を液体部分に抽出し、調理途中あるいは出来上がり料理に液体を振りかけて利用するものである。液体部分と漬け込むトウガラシの量はさまざまであり、強烈な辛味のものからまろやかな辛味のものまでつくることができる。

地域特産品とするには材料のトウガラシは地域固有の品種を第一とする。全国各地で栽培されているトウガラシは特徴が出しにくい。ただし、その地域がトウガラシの産地で市場出荷をしているくらいの規模で栽培されているならば全国各地で栽培されているものでもよい。

トウガラシを漬け込む液体「蒸留酒、食酢、オイル」も地域でつくられているものがあれば、それを利用するのがよい。

トウガラシのオイル（太白胡麻油・胡麻油・オリーブ油）漬け

トウガラシのオイル漬けはラー油としてなじみがあるが、ただ辛ければよいというものでもない。材料として使用するトウガラシと油の香りが大切になる。油の香りを大事にするならオリーブ油や胡麻油を使用し、トウガラシの

香りを大事にするなら香りの淡い太白胡麻油を使用する。トウガラシの油漬けでは低温の油にトウガラシを入れてゆっくりと辛味と香りを抽出する方法もあるが、高温に熱した油でトウガラシを唐揚げ状態にして辛味と香り成分を抽出する方法もある。

トウガラシの蒸留酒（泡盛・焼酎）漬け

トウガラシの蒸留酒漬けはアルコール度数が高い蒸留酒に漬け込んでおくだけでつくることができる。各地で製造されている蒸留酒を利用するとよい。トウガラシの量は多くても少なくてもよい。

沖縄のコーレーグースは見た目もあるのか、小ビンに沖縄特産の島トウガラシをたっぷり入れてあるものが多いので、漬け込んでいる泡盛が少なくなったら、減った分の泡盛を足していくことでかなり長期間利用できる。生のトウガラシを使うとき、大量に使うとトウガラシの水分で蒸留酒のアルコール分が低くなるので注意が必要である。

中国の蒸留酒（白酒：粉酒・茅台酒・五糧液・二鍋頭）はアルコール度数が40～60％で、独特の香りあるので日本ではおいしく飲めなかったのでトウガラシを漬け込んだことがある。このときは日本のトウガラシを漬け込んだが、それでも中華料理の辛味には使えた。中国各地を旅したとき、農家の庭先、道路脇にトウガラシを干している風景をしばしば目にしているが、中国各地にはさまざまなトウガラシがあるので、これらを漬け込んだらおもしろいと思っている。

ピリ辛系の漬物・トウガラシの酢（米酢・ビネガー）漬け

トウガラシの酢漬けは食酢にトウガラシを漬け込んだもので、食卓に置くピリカラ酢と思えばよい。漬け込みに使用する食酢は米酢を主とするが、使用するトウガラシによってはワインビネガー・シェリービネガーなども使える。酢は揮発する酸であるから、トウガラシそのものの香りはよくわからない。そこで、色と辛味を主とした基準にトウガラシ選びをする。

製造工程

●つくり方

① トウガラシを洗い、水を切る。
② トウガラシのヘタを取り、容器に入れる。
③ トウガラシの入った容器に漬け込みの液体（蒸留酒・酢・オイル）を入れる。
④ 容器のキャップをかるくして、50～60℃の湯煎でゆっくりと加熱する。
⑤ 容器の中が50～60℃になったら取り出し、容器のキャップをしっかりして、冷却する。

トウガラシの蒸留酒漬け・酢漬け・オイル漬けQ&A

Q 01 トウガラシの加工作業の後、手で顔をさわったら目が開けられなくなった

A トウガラシには辛味成分がたっぷりと含まれている

トウガラシをさわった手指で顔や皮膚の弱いところにふれると、ピリピリとした刺激に苦しむことになる。

薄手のゴム手袋、あるいはプラスチック手袋をして、手指にトウガラシの辛味成分がつくのを防ぐのが有効。また、一度トウガラシの処理に使った手袋を再度使うときは辛味成分がついているので注意が必要。

Q 02 トウガラシと漬け込む液体「蒸留酒、食酢、オイル」の割合はどうすればよいか

A 漬け込む液体「蒸留酒、食酢、オイル」とトウガラシの割合は適当でよい

ひとつの目安として、漬け込む液体「蒸留酒、食酢、オイル」とトウガラシを同量、あるいは容器一杯にトウガラシを詰め、漬け込む液体「蒸留酒、食酢、オイル」を注ぎ込むなどがある。いずれにしてもトウガラシの辛さと使い方によって、最適の割合が決まる。実際に味をみたり、使ってみると適当なトウガラシの品種、量や使い方も明らかになる。まずは試してみること。

また、トウガラシ調味料を使い、少し減ってきたら、新しい漬け込む液体「蒸留酒、食酢、オイル」を加え足すこともできる。とくに、大量のトウガラシを使っているときは、トウガラシ調味料を使ったら、注ぎ足し法で使った分だけ新しい漬け込む液体「蒸留酒、食酢、オイル」を足していけば、かなりの間は利用できる。

トウガラシの辛味成分や香り成分は量としては少ないが、人が感じる辛味や香りということでは大量に含んでい

ると考えてよく、これらはむだなく利用したほうがよい。

販売を前提にするなら、購入用途に合った辛味・香味の加工品を考えるとともに、定期的に購入してもらえる工夫も必要である。

Q03 トウガラシの成分の抽出を早くしたい

A 容器のキャップをかるくして、50〜60℃の湯煎でゆっくりと加熱する

トウガラシの成分の抽出を早めるために行なうので、絶対に必要ということではないが、加熱することで微生物や酵素の働きを完全に止めることができる。蒸留酒はアルコール濃度が高いので、微生物を死滅させたり、酵素を機能しなくすることができる。

容器の口いっぱいに蒸留酒を入れて湯煎すると、温度が上がるにしたがって膨張し、蒸留酒があふれ出ることがあるので気をつける。また、冷えてくるとトウガラシの内部に蒸留酒が入るため、蒸留酒の液面が下がり、トウガラシが出てしまう。このときは蒸留酒を足す。

酢やオイルの場合も加熱は成分の抽出に有効であるがそれ以上に、生のトウガラシを漬け込んだとき、加熱と冷却により、トウガラシの内部に酢やオイルが入り液の過不足がよくわかる。

Q04 保存していたらトウガラシが退色した

A トウガラシ調味料は冷暗所に保存する

こうやってつくったトウガラシ調味料はすぐに変質することはない。しかし、温度の高いところ、明るいところに長く置くと、色や香りが変わってくる。トウガラシ調味料をインテリアとして、飾り置くことがある。このようなときには明るく、温度が高いところに置かざるを得ない。

トウガラシの色が変わってきたら、インテリアとしては取り替えるようにする。しかし、トウガラシの辛さは残っているので、香りの状態を調べ、調味料として使えるかどうか判断する。

ピリ辛

ピリ辛系のトウガラシを使って
ユズこしょう

【ユズこしょうのポイント】
- カンキツ類の皮とトウガラシ、塩を混ぜてつくる調味料
- ユズに限らず、カンキツ類の皮は個性ある香りをもっている
- トウガラシは辛味のないものから激辛までを上手に使う

特徴

ユズこしょうが伝統的につくられ、利用されている。ユズはカンキツ類の中でも果皮の香りがよく、調理・加工では香りを付与するのに用いられる。しかし、他のカンキツ類も皮が緑のうちはさわやかな香りをもっているし、黄色くなっても個性ある香りをもっている。これら多様なカンキツとトウガラシの辛さと塩分を組み合わせ、料理に合わせたカンキツこしょうをつくるとよい。また、地域特産のカンキツ類やトウガラシがあるならばこれらの組み合わせでつくるとよい。

ユズこしょうの基本的組み合わせ、柚子皮＋トウガラシ＋塩を同量とするが、塩を33％加えると完全に溶解されずに結晶のまま残る塩が出る。塩の結晶が残ると口当たりがザラザラとする。塩のザラザラ感があるユズこしょうもひとつの個性ともいえるので特徴とするのもよい。

しかし、塩の結晶のないものが一般には好まれるので、塩の添加量は25％までとする。ユズこしょうは加熱殺菌せず、塩による保存性の付与を行なうので15％以上の塩を添加する。

当座づくりで短期日のうちに使いきるときは保存性の付与は必要ないので塩を減らすことも可能だが、辛味と塩味のバランス、調味料として使用するときの塩濃度は確保しなければならない。

利用するトウガラシはいろいろな品種のトウガラシが使える。ピーマンやパプリカなど辛味のまったくないトウガラシから、辛味成分を多量にもっている、いわゆる激辛、大辛といわれるトウガラシまでが使える。激辛トウガラシはパンチがあるが、口腔内の味を感じる部分が麻痺し、食べものの味を感じなくしてしまう。ほどほどに辛い程度にするほうがよい。また、トウガラシは辛味だけでなく特有の香りも生かしたい。

原料

ユズ（カンキツ類、スダチ、温州ミカン）

ユズは小さな果実より、大きな果実で、緑色から黄色の果皮色のものが使えるが、黄色くなったほうが芳醇な香りがする。

トウガラシ類（トウガラシ、ピーマン、パプリカ、シシトウ）

トウガラシ類は辛味の程度によって選択する。

塩（天日粉砕塩）

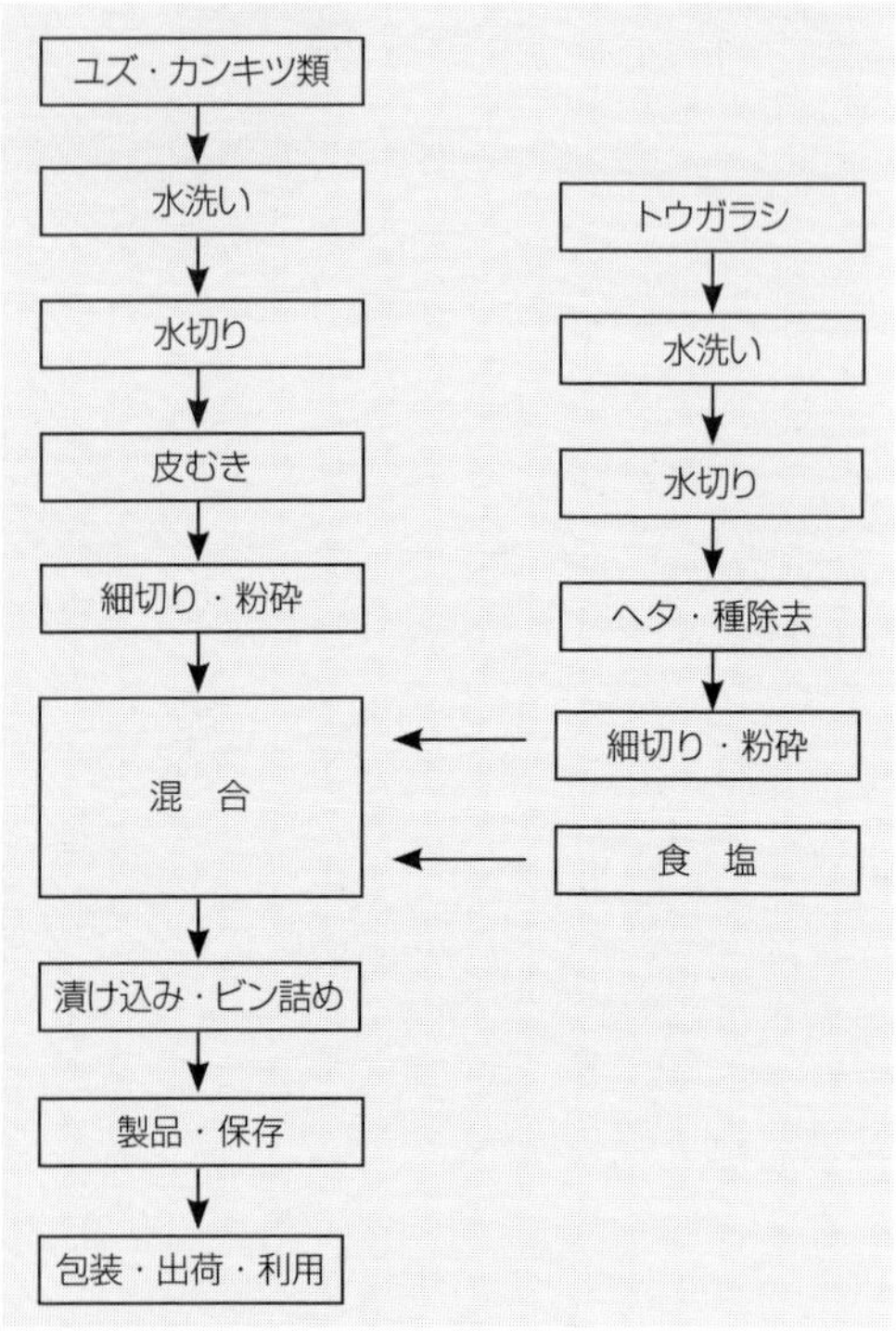

ユズこしょうの製造工程

製造工程

【ユズこしょうの製造と調整①（辛いユズこしょう）】

ユズ皮細きざみ　40g

種抜き青トウガラシ：赤トウガラシ（8：2）細きざみ　40g

塩　20g

すり鉢ですりながらよく混ぜる。

大量に加工するときはグラインダーやチョッパー等の加工機器を使って粉砕・混合する。加工機器を利用するとき、塩を一緒に粉砕・混合せずユズ皮とトウガラシを粉砕したものに塩を加え撹拌ミキサーで混合し、容器に詰める前に真空脱気処理をする。

【ユズこしょうの製造と調整②：（辛くないユズこしょう）】

ユズ皮細きざみ　40g

種抜きシシトウ細きざみ　40g

塩　20g

すり鉢ですりながらよく混ぜる。

【ユズこしょうの製造と調整③：（辛味の適当なユズこしょう）】

ユズこしょう①＋ユズこしょう②を2：8（使用する目的、利用する人の好み）で混合する。

ユズこしょうQ&A

Q 01 ユズこしょうをつくったが苦味がある

A ユズの皮の白い部分がたくさん入っている

カンキツ果実の果皮部は、表層部のフラベドと内層部のアルベドに分けられる。表層部のフラベドには、油胞があり精油を含んでいるので、香りがよく、カンキツ果実の品種毎の特徴を示す。カンキツ果実の苦味はフラボノイドとリモノイドで、フラボノイドはアルベドやじょうのう膜（袋）、砂じょう膜に多く含まれている。

ユズの皮を薄く剥くと量が出ないので白いところ（アルベド）を入れたり、皮むき作業が雑で白い部分がたくさん入ってしまうと苦味が強くなる。ユズ皮の白い部分を入れないようにする。

Q 02 ユズこしょうに塩がザラザラしている

A 塩の量が多いので、塩が溶けきらず結晶のまま残っている

塩は水に対し25％くらいしか溶けないので、塩の量を25％以下にする。

Q 03 ユズこしょうが辛すぎる

A 辛いトウガラシの量が多い。トウガラシの量を減らしたり、辛くないトウガラシを加える

辛すぎるものは、趣味や、多品目販売の中の一つのアイテムならよいが、調味料としては利用しにくい。辛すぎるものが主力商品では、販売はとどこおりがちになる。

栽培農家が自ら栽培したものを使う場合、比較的容易に原料を増やせるので一途に大量加工や、収穫物全量を加工しようと考えることが多い。生活者に好まれない加工品を大量につくるより、一つの原料からできるだけバラエティーのある加工品をつくろうと考えてみるべきである。

Q 04 ユズこしょうのユズの香りが弱い

A ユズは緑色の皮はさわやかな香りが強く、黄色くなると芳醇な香りが増してくる

緑色のユズこしょうでも黄色い皮のユズを合わせると香りが強くなる。ゆずの果皮は、他のカンキツに比べて香りがよく、しかも強い。こうした特性から、ユズこしょうもつくられ続けてきたといえる。しかし、他のカンキツでも独特の香りがあるので、端からだめとせずに、料理との相性や利用方法を検討し試作してみることも意義がある。

ピリ辛

ピリ辛系副素材を使って
トウガラシ味噌

【トウガラシ味噌のポイント】
・トウガラシの辛味はアクセント程度にする
・味噌は色が黒くなった味噌、酸味が勝ってきた味噌を使う

特徴

トウガラシ味噌は味噌として販売がむずかしくなった色が黒くなった味噌、あるいは乳酸発酵が進み酸味が勝ってきた味噌などを有効利用する加工品と位置づける。味噌は旨味成分を大量に含んでいるので旨味の補強はせず、減少した甘味、増加した酸味をマスクするような配合とする。

●材料

味噌	500g
砂糖	150g
酒	150g
みりん	150g
トウガラシ	10g
白ゴマ	20g

※塩分は味噌に由来するものだけ、味噌が全体の1／2量とする。
※砂糖は上白糖でもよいが、地域で生産される粗糖があるならこれを利用する。砂糖の量は味噌の甘味、みりんの品質によって調整する。
※トウガラシは地域特産のトウガラシがあるならこれを利用する。緑色から赤色のトウガラシを使い分ける。
※トウガラシの代わりにサンショウを使うとサンショウ味噌となる。また、ユズを加えるとユズ味噌にすることもできる。

つくり方

材料をすべて鍋に入れ、ヘラで混ぜながら加熱し、ほどよい流動性となる90～80%くらいに煮詰める。
※熱いときはやわらかくても、冷えると硬くなるので、煮詰めすぎて硬くならないよう注意する。
当座利用するときは容器に入れ、冷蔵保存する。袋詰め、あるいはビン詰めとするときは、加熱殺菌する。

トウガラシ味噌Q&A

Q 01 トウガラシ味噌が辛すぎる

A 辛味の強いトウガラシの量が多すぎる

トウガラシの量を減らしたり、辛味の弱いトウガラシに替える。

辛味が強すぎる味噌は、インパクトはあるが、普通の食生活の中でコンスタントに消費していくには難がある。

Q 02 トウガラシ味噌がどうしても硬くなってしまう

A トウガラシ味噌には糖分が多く含まれるので熱いときはやわらかくても、温度が下がると硬くなってくる

温度が低下してもやわらかい程度の加熱・煮詰めとする。あるいは材料に油を加えると温度が低下してもやわらかい状態が保てる。加える油はトウガラシ味噌の風味を損なわないものが望ましいが、トウガラシ味噌の使い方によっては油の個性を強調することもあるので、利用方法を考慮して添加する油を決める。添加量は3～5％程度でよい。

Q 03 トウガラシ味噌をビンに詰めて加熱殺菌したらビンの外にあふれ出た

A 加熱殺菌の際、温度上昇で体積が膨張

トウガラシ味噌をビンに詰めたとき、品温が下がったり、空気の泡をたくさん抱き込んだため、加熱殺菌により温度が上昇すると体積が膨張するのでビンの外にあふれ出る。

とくに、やや硬めに煮詰めると空気の泡をたくさん抱き込みやすくなる。さらに、ビンの温度が低く、味噌の温度も低くなっていると加熱殺菌したときに空気の泡が膨張するので味噌があふれ出ることになる。熱いビンに熱い味噌を空気の泡を入れないように手早く詰めること、味噌が多少膨張してもよいようにヘッドスペースを確保する、殺菌温度はむやみに高くすることなく、80～90℃を保持する。

Q 04 トウガラシ味噌だけでなくいろいろな味噌をつくりたい

A 風味に特徴のある材料を加えることでいろいろな味噌をつくる

トウガラシの代わりにサンショウの実・葉を使うとサンショウ味噌になる。また、ユズ皮・果汁を加えるとユズ味噌となる。配合量を少し変更するとフキノトウや青ジソ葉などを加えたフキ味噌やシソ味噌もつくることはできる。

著者紹介

小清水 正美（こしみず　まさみ）

1949年神奈川県生まれ。明治大学農学部農芸化学科卒業。1971年に神奈川県職員となり、神奈川県農業総合研究所経営研究部流通技術科で、農産物の流通技術・利用加工に関する試験研究を担当。
1999年から環境農政部農業振興課農業専門技術担当（専門項目：農産物利用および食品加工）となる。2009年退職。
著書に『おいしい大豆の本』（カワイ出版）、『おいしいジャムの本』（カワイ出版）、『食品加工シリーズ⑧　ジャム』（農文協）、『つくってあそぼう8　ジャムの絵本』（農文協）、『つくってあそぼう33　梅干しの絵本』（農文協）、『つくってあそぼう36～40　保存食の絵本』（農文協）がある。

こまった、教えて　農産加工便利帳　漬物

2013年9月25日第1刷発行

著者　小清水 正美

発行所　一般社団法人　農山漁村文化協会
〒107-8668　東京都港区赤坂7丁目6-1
電話　03（3585）1141（営業）　03（3585）1147（編集）
FAX　03（3585）3668　振替　00120-3-144478
URL　http://www.ruralnet.or.jp/

ISBN978-4-540-11246-1
〈検印廃止〉

Printed in Japan
DTP製作／條克己　印刷・製本／凸版印刷（株）
定価はカバーに表示

乱丁・落丁本はお取り替えいたします